# Mon ami Prospero

Henri Harland

Writat

Cette édition parue en 2024

ISBN : 9789359942018

Publié par
Writat
email : info@writat.com

# Contenu

# PREMIÈRE PARTIE

# je

Le cocher arrêta ses chevaux devant la porte du château, où leurs sabots battaient une sorte de fanfare sur le pavé de pierre ; et le valet de pied, se laissant vivement descendre, tira, d'un geste péremptoire qui n'était pas tout à fait fanfaron, la main de bronze au bout du cordon qui pendait.

Assise seule dans sa grande calèche à haut pivotement, dans le doux temps d'avril, Lady Blanchemain consacra l'intervalle qui suivit à une considération du paysage : d'abord, dormant dans un silence sombre, le jardin à la française, ses pelouses en terrasses et ses parterres métriques, ses les avenues droites et sombres d'Ilex, ses cyprès, ses fontaines, ses statues, ses balustrades ; et puis, riant dans la brise et le soleil, la sauvage vallée italienne, une forêt d'arbres fruitiers en fleurs, avec la rivière sinueuse et scintillante en son milieu, avec des collines couvertes d'oliviers bleu-gris de chaque côté, et au-delà des collines. , regardant par-dessus leurs épaules, les sommets enneigés des montagnes, nets sur le ciel, et au loin le miroitement brumeux du lac.

« C'est charmant », s'écria-t-elle avec ferveur, dans un murmure, « charmant.
— Et seule une génération de vers aveugles, pensa-t-elle après coup, pouvait y discerner la moindre ressemblance avec la scène de chute d'un théâtre."

# II

Grande, pleine d'humour, émotive, impérieuse, mais surtout intéressée et sociable Lady Blanchemain : la connaissez-vous, je me demande ? Ses cheveux blancs ondulés ? Son beau vieux visage doux, avec sa peau lisse et sa bonne structure osseuse solide en dessous ? Ses beaux vieux yeux gris, pleins de tendresse et d'astuce, de curiosité, d'ironie, d'indulgence, surmontés et soulignés par des sourcils noirs réguliers ? Ses jolies petites mains potelées d'un blanc rosé, (comme deux petits Amours âgés), avec leur brillante panoplie d'anneaux ? Et sa manière luxueuse, courageuse et généreuse de s'habiller ? Les couleurs claires et la mode décontractée de ses robes ? Ses dentelles, ses volants, ses broderies ? Ses petits bonnets gays ? Ses joyaux ? Linda, baronne Blanchemain , de Fring Place, Sussex ; Jardins Belmore, Kensington ; et Villa Antonina, San Remo : grande, joyeuse, sociable, sentimentale, mondaine, impétueuse Linda Blanchemain : la connaissez-vous ? Si vous le faites, je suis sûr que vous l'aimez et que vous vous réjouissez en elle ; et on en dit assez. Si vous ne le faites pas, je vous demande la permission de la présenter et de la féliciter.

J'ai parlé, en passant, de son « vieux » visage, de ses « vieux » yeux. Elle est, certes, si l'on en croit le simple nombre d'années, une vieille femme. Mais je l'ai entendue une fois lancer, dans le feu de la conversation, l'expression : « une jeune vieille chose comme moi » ; et je pensais qu'elle avait touché une vérité.

---

# III

Eh bien, le valet de pied, à sa manière magistrale, tira sur le cordon de la cloche ; Lady Blanchemain contemplait le paysage et avait son opinion sur une génération qui pouvait le comparer à la scène d'un théâtre ; et en temps voulu, la cloche a été sonnée.

La réponse fut un homme dans un costume qui parut agréable à mon vieil ami plein d'humour : un petit homme jaunâtre dont le costume de tweed par ailleurs sans particularité était orné de nœuds d'épaule en laine écarlate. Avec des yeux ternes , derrière le plexus de la calandre, il regardait d'un air plutôt posé l'imposant équipage britannique et attendait qu'on lui parle.

Dame Blanchemain lui parlait dans la langue de Pistoja . Peut-on, demanda-t-elle avec son air très affable, de sa vieille voix distinguée, peut-on visiter le château ? — question purement conventionnelle, car elle n'était pas venue ici sans l'assurance de son guide.

Cependant, les nœuds d'épaule, soit pour afficher ses connaissances, soit parce qu'en effet le Pistoiese (bien que les races polyglottes d'Italie soient d'accord sur cela comme lingua franca) offrait les plus grandes difficultés à sa langue lombarde , répondit en français.

"Je ne le crois pas, Madame", fut sa réponse, dans un français suffisamment lourd et raide, renforcé par une oscillation douteuse de la tête.

lady Blanchemain se levèrent, marquant sa surprise ; puis se ressaisit, marquant sa détermination.

"Mais bien sûr, c'est possible, c'est dans le guide", insista-t-elle en montrant le volume à reliure rouge.

Le sceptique haussa les épaules, comme quelqu'un qui déclinait toute responsabilité et refusait toute discussion.

"Moi, je ne le crois pas. Mais patience ! Je vais aller demander", dit-il ; et, tournant le dos, disparut dans les profondeurs de la sombre porte cochère en forme de tunnel .

Vexée, perplexe, dame Blanchemain s'agitait un peu. Avoir fait ce long trajet pour rien ! — si doux que soit le temps, si belle que soit la vallée : mais elle n'était pas du genre à laisser les moyens excuser la fin. Elle n'aimait ni n'était habituée à ce que ses entreprises rechignent, à ce que les portes lui restent fermées au nez. Les portes avaient en effet pour habitude de s'ouvrir à son approche. En outre, les manières de cet individu, son regard et son silence initial, son ton lorsqu'il parlait, son haussement d'épaules, son exhortation à la patience, et quelque chose aussi dans la conduite de son dos lorsqu'il partait, n'auraient-ils pas manqué ? tu sais pourquoi devenir déférence ? Pour convaincre en tout cas son amour-propre que l'erreur, s'il y avait erreur, ne provenait d'aucune incompréhension de sa part, elle chercha chapitre et vers. Oui, l'assurance était là, circonstancielle, dans toute la force convaincante du petit et robuste type noir :

"De Roccadoro, une charmante excursion peut être faite, en remontant le beau Val Rampio , jusqu'au village médiéval de Sant ' Alessina (7 milles), avec son magnifique château, dans un beau parc, autrefois siège des Sforza , appartenant maintenant au Prince de Zelt-Neuminster , et contenant la célèbre collection de peintures de Zelt-Neuminster . Incorporés aux bâtiments du château, particularité notable, se trouvent l'église paroissiale et le presbytère. Accessibles tous les jours, sauf le lundi, de 10 à 16 heures ;

Donc alors! Aujourd'hui, c'était mercredi, entre deux et trois heures. Donc-! Son amour-propre a triomphé, mais je crois que son dépit est monté...

# IV

"Je vous demande pardon. C'est honteux qu'on vous ait fait attendre. Le portier est un idiot. Vous souhaitez, bien sûr, voir la maison...?"

Les mots anglais, sur un ton d'excuses spontanées, avec une inflexion d'inquiétude très zélée, mais en même temps avec une sorte de brusquerie tout à fait respectueuse et aimable, comme lorsqu'on salue un ami familier, furent prononcés dans un souffle. par une voix vive, joyeuse et indéniablement anglaise.

Lady Blanchemain , dont l'attention était toujours portée sur la page incriminée, leva rapidement les yeux, et (malgré la voix anglaise et les excuses spontanées) je ne garantirai pas que la réponse au bout de sa langue impulsive n'aurait pas été précipitée... mais l'apparence de l'oratrice la fit réfléchir : l'apparence du grand jeune homme souriant, typiquement anglais, que Nœuds-d'épaule était revenu accompagné, et qui maintenant, après avoir entrouvert la grille et sorti, se leva, se plaçant avec une hésitation. hommage à son service, à côté de la voiture : il était si clairement, tout d'abord – ce à quoi, sans sa préoccupation, sa voix, son ton, son accent l'auraient avertie de s'attendre – si visiblement un gentleman ; et puis, avec le rose uniforme de son teint, ses cheveux et sa barbe jaunâtres, ses yeux alertes, amicaux, très bleus , avec ses flanelles d'un bleu très bleu aussi, et sa cravate tricotée rouge brique, il était si vif et si inhabituel. .
Son apparition lui fit réfléchir ; et en conséquence, elle faillit s'excuser à son tour.
« Ce misérable livre, expliqua-t-elle en avançant pathétiquement sa *pièce justificative* , disait qu'il était ouvert au public.
Le vif jeune homme s'empressa de lui donner raison.
"C'est... c'est " , affirma-t-il avec empressement. " Seulement," ajouta-t-il avec une modulation vaguement triste, et toujours avec cette aimable brusquerie, en homme très à l'aise, tandis que ses yeux bleus s'éclairaient bizarrement, "il n'y a que le bienheureux public qui ne vient jamais, on est tellement hors de propos. des sentiers battus. Et je suppose qu'il ne faut pas s'attendre à ce qu'un Scioccone "- sa voix s'enfla à ce mot, et il jeta un regard cinglant à son invocateur -" pour faire face à des situations sans précédent. Me permettrez-vous de vous aider ?
"Ah", pensa Lady Blanchemain , "Eton", son ton et son accent étant désormais bien appréciés par une oreille expérimentée. "Eton—oui; et probablement—hm ? Probablement Balliol", son expérience l'a amenée à supposer. Mais que faisait – avec sa curiosité insatiable pour les gens, elle avait bien sûr immédiatement commencé à se demander – que faisait un homme d'Eton et Balliol, apparemment en position d'autorité, dans ce château italien isolé ?

# V

Il l'a aidée, très gracieusement, très galamment ; et sous sa direction, elle fit le tour du vaste édifice : sa grande cour et sa petite cour ; ses cloîtres, avec leurs fresques fanées, et leur vue merveilleuse , au nord, sur les Alpes ; son immense rotonde, jaillissant jusqu'au dôme ouvert, où le ciel était comme une plaque incrustée de turquoise ; son « escalier d' honneur », gardé, en file ascendante, par des statues d'hommes en armure ; et puis, au *piano nobile* , sa chaîne interminable de grands appartements d'apparat vides, silencieux, splendides, avec leurs pavés de marbre luisant, aux motifs multicolores , leurs plafonds peints et dorés, leurs murs tapissés, leurs bois sculptés et leurs stucs moulurés , leurs images, images, images, et leur atmosphère de désolation majestueuse, leurs souvenirs d'un autre âge, leurs rappels du pouvoir et du faste de gens qui avaient longtemps été des fantômes.

Il était grand (avec sa curiosité insatiable, elle l'étudiait bien sûr continuellement), grand et large d'épaules, mais pas du tout rigide ou inflexible - d'une silhouette en effet visiblement souple, suave dans ses mouvements rapides, douce dans ses mouvements. des lignes énergiques, une figure qui pourrait avec la même minutie être paresseuse au repos et véhémente dans l'action. Ses cheveux jaunes étaient épais et fins, et s'ils n'avaient pas été coupés si près, ils auraient été légèrement bouclés. Sa barbe, en petites spirales frisées, s'enroulait effectivement, et vers le bord, son jaune devenait rouge. Et ses yeux bleus étaient si très très bleus, si vifs, si francs et si agréables : « Ils ressemblent aux yeux des marins », pensait lady Blanchemain , qui avait du sentiment pour les marins. Il portait la tête bien renversée, en homme parfaitement sûr de lui et parfaitement inconscient ; et ainsi, inconsciemment, il attirait l'attention sur le tracé vigoureux de son profil, les angles décisifs de son front et de son nez. Sa voix était vive, joyeuse et masculine ; et cette brusquerie avec laquelle il parlait – qui semblait, pour ainsi dire, impliquer une connaissance antérieure – était si tempérée par une bonne éducation manifeste et si colorée par une bonne volonté manifeste, qu'elle devenait une partie positive de ce qu'on aimait chez lui. . C'était la brusquerie d'un homme très à l'aise, un véritable homme du monde, et pourtant, dans son essence, c'était un peu enfantin. Il exprimait la fraîcheur, la sincérité, la conviction, un abandon total et juvénile de lui-même aux affaires du moment ; il exprimait peut-être avant tout une bonne entente enfantine et approfondie avec son interlocuteur. « Cela revient, pensait son interlocutrice actuelle, à une sorte de bluff infiniment sublimé ».

Et puis elle se mit à examiner ses vêtements : sa flanelle ample, douce, d'un bleu très bleu , avec de vagues rayures d'un bleu plus foncé ; sa chemise douce, à col roulé ; sa cravate rouge, tricotée en soie douce, et nouée en un lâche nœud de marin. Elle aimait ses vêtements et la façon dont il les portait.

Ils lui convenaient. Ils étaient amples, confortables et non conventionnels, mais ils étaient magnifiquement frais et bien entretenus, et lui montraient, même s'il était indifférent à la mode de la saison, méticuleux à sa manière. "Il est difficile de l'imaginer habillé autrement", a-t-elle déclaré, et elle a immédiatement eu une vision de lui habillé pour le dîner.

Mais que... que... que faisait-il au Castel Sant'Alessina ?

---

# VI

Entre-temps, il savait manifestement énormément de choses sur l'art italien. Lady Blanchemain elle-même en savait beaucoup et savait reconnaître un expert. Il a éclairé leurs progrès par un feu continu d'exposés et de commentaires, savants et perspicaces, qu'elle a écoutés avec encouragement et, si l'occasion l'exigeait, a répondu aimablement. Mais Boltraffios , Bernardino Luinis , même un Giorgione putatif, n'ont pas pu détourner son esprit de son problème humain. Que faisait-il au Château Sant'Alessina , propriété , selon son guide, d'un prince autrichien ? Quel était son statut ici, apparemment (serviteurs de bar) en activité solitaire ? Était-il son locataire ? Il ne pouvait pas, certes, ce jeune compatriote bien habillé, de haute race et cultivé, il ne pouvait pas être un simple employé , un intendant ou un conservateur ? Non : probablement un locataire. Auparavant, il pouvait sembler peu probable qu'un jeune Anglais devienne locataire d'un établissement aussi immense et aussi séquestré ; mais était-il concevable que ce jeune Anglais soit un simple employé ? Et y avait-il une autre alternative ? Elle attendait un mot, une note qui pût éclairer ; mais de telles notes, de tels mots, la conversation d'un jeune homme, dans ces circonstances, ne donnerait peut-être naturellement qu'une maigre récolte.

« Il ne faut pas que je vous fatigue », dit-il aussitôt, comme quelqu'un qui avait oublié et se rappelait soudain que regarder des images est un travail épuisant. « Ne veux-tu pas t'asseoir ici et te reposer un peu ?

Ils se trouvaient dans une pièce plus petite que toutes celles qu'ils avaient traversées auparavant, une pièce octogonale qu'une seule haute fenêtre remplissait de soleil.

"Oh, merci", dit Lady Blanchemain en s'asseyant sur le divan circulaire au centre du sol en terrasse polie . Elle n'était pas vraiment fatiguée du tout, la vieille voyante infatigable ; mais un répit dans la contemplation des images lui permettrait de changer de discours. Elle déployait son lorgnon de nacre et regardait autour des murs ; puis, le baissant, elle leva franchement ses yeux pleins de curiosité et de bonté vers ceux de son compagnon.

"C'est une surprise, et une délicieuse surprise", remarqua-t-elle, "d'avoir poussé si loin dans un pays étranger, d'être accueilli par les bons offices d'un compatriote - c'est si gentil de votre part d'être Anglais."

Et ses yeux changèrent doucement, leur curiosité étant voilée par une sorte de contenu humoristique.

Le visage du jeune homme, du haut de ses quelque six pieds, rayonnait vers elle en réponse.

"Oh," dit-il en riant, "vous ne devez pas m'accorder trop de crédit. Être Anglais de nos jours est si peu glorieux - puisque les pays étrangers sont devenus simplement les banlieues plus larges de Londres."

Lady Blanchemain brillèrent d'approbation. Ensuite, elle avait l'air à moitié sérieuse.

"C'est vrai", discrimina-t-elle, "Londres s'est assez bien étendue sur toute l'Europe ; mais l'Angleterre, grâce à Dieu, reste encore heureusement petite."

"Oui", acquiesça le jeune homme, bien qu'avec un ton de doute et un froncement de sourcils d'exogitation, comme s'il n'était pas sûr d'avoir bien compris ce qu'elle voulait dire.

"La chance," fit-elle remarquer en souriant, "c'est que les Anglais, les honnêtes gens, n'ont pas besoin de se battre les uns contre les autres lorsqu'ils se rencontrent en tant qu'étrangers. Nous nous connaissons tous plus ou moins par ouï-dire, ou par ouï-dire. les gens les uns des autres ; et nous sommes tous presque sûrs d'avoir des connaissances communes. La petite taille de l'Angleterre favorise la sociabilité et la confiance.

"Cela devrait l'être, pourrait-on penser", a admis le jeune homme. " Mais est-ce vraiment le cas ? Il m'était resté en tête que les Anglais, se rencontrant comme des étrangers, étaient plutôt enclins à nous regarder. Nous sommes pour la plupart dans un tel état de déprime, voyez-vous, de peur que si nous traitons un étranger à la civilité, il ne devrait pas être duc.

"Oh," s'écria Lady Blanchemain avec gaieté, "vous oubliez que j'ai dit *décent* . Je voulais dire, bien sûr, les gens qui *sont* ducs. Nous sommes tous des ducs ou des bagmen."

Le jeune homme rit ; mais au bout d'une minute, il fit une longue grimace et fit de grands yeux menaçants.

"Je sens que je dois vous avertir", dit-il d'une voix sinistre, "que certains d'entre nous ne sont que de simples marquis... de la maison de Carabas ."

Lady Blanchemain , toute sa personne expansive, mijotait de jouissance.

« Soyez bénis, s'écria-t-elle, ce sont les ducaux , car les marquis, de la maison de Carabas , sont des hommes d'audace et d'esprit, nés pour tout supporter et pour épouser la fille du roi.

Sur ce, elle eut un moment d'abstraction. De nouveau, ses lunettes levées, elle regarda autour des murs, ornés, dans cette salle octogonale, de portraits de femmes aux couleurs sombres, toutes dans de merveilleuses toilettes, avec des coiffures et des coiffures magnifiques, toutes merveilleusement jeunes et contentes de choses, et toutes quatre siècles morts. Ils lui causaient un petit sentiment d'inquiétude, ils étaient si morts et silencieux, et pourtant, dans leurs postures fixes, avec leurs yeux immobiles, leurs sourires invariables, si — à ce qu'il lui semblait — si vigilants, si attentifs ; et c'était un soulagement de se tourner d'eux vers la fenêtre, vers le tableau encadré par la fenêtre de la nature chaude, respirante et insouciante. Mais pendant tout ce temps, dans son esprit intérieur, elle était occupée avec l'homme devant elle. « Il a l'air, considérait-elle, aussi grand qu'il soit, et avec sa blondeur radieuse – avec l'or dans ses cheveux et sa barbe et le bleu de la mer dans ses yeux – il ressemble à un héros sorti d'un vieux Saga nordique. Il ressemble – comment s'appelle-t-il ? – à Odin. Il faut vraiment que je le contraigne à s'expliquer ."

Il se peut bien qu'entre-temps il s'occupait réciproquement d'elle, l'accueillant, l'admirant, cette grande vieille femme gaie, avenante, aux manières nobles, toute en soies douces et dentelles tombantes, qui s'était enfoncée dans sa solitude. Il venait de Dieu sait où, et il était incontestablement quelqu'un, Dieu savait qui.

Elle eut un moment d'abstraction ; mais maintenant, en sortant, elle utilisa son lunettes comme pointeur et balaya de manière indicative le cercle d'écoutes peintes.

"On se sent comme leur grand-mère, leur jeunesse est si flagrante", soupire-t-elle, "ces grand-mères du Quattrocento. Ah! eh bien, on ne peut être vieux qu'une fois, et il faut profiter des privilèges de l'âge pendant que nous avons Les vieux, je suis heureux de le dire, ont le droit, entre autres choses, d'être curieux. Je le suis effrontément . Maintenant, si l'une de nos connaissances communes était à portée de main, car l'Angleterre étant heureusement petite, nous. Je suis sûre d'en posséder une douzaine, vous et moi... quelle est, à votre avis, la question que je devrais lui poser ?... je devrais lui demander, avoua-t-elle avec un joli effet d'hésitation et un sourire d'avant-garde. pour désarmer le ressentiment, « pour me dire qui vous êtes et tout sur vous – et pour me vous présenter ».

"Oh", s'écria le jeune homme en riant. Il rit pendant une seconde ou deux. A la fin, aimablement, en s'inclinant : « Mon nom, dit-il, si vous voulez savoir, c'est Blanchemain .

Sa visiteuse retint son souffle. Elle se redressa et le regarda fixement.

« Blanchemain ? Elle haleta.

## VII

Il y avait, bien sûr, des raisons et de nombreuses raisons pour lesquelles ce nom devrait la faire se redresser. Sa curiosité avait tourné la clé, et voilà, en un clic, la situation était complètement différente, immensément compliquée, intensément poignante. Mais notre vieille amie excitable était une Anglaise : la dissimulation serait sa seconde nature ; vous pouviez lui faire confiance pour vous mettre de la laine sur les yeux avec une main rapide et expérimentée . Instinctivement, elle cherchait d'ailleurs à tirer d'une telle situation tout le plaisir qu'elle promettait. Prise au dépourvu, pendant dix battements de cœur, elle se redressa et regarda fixement ; mais au onzième, son attitude se détendit. Elle avait retrouvé sa nonchalance extérieure et résolue son système de clôture.

"Ah," dit-elle, sur un ton judicieusement composé de naïveté féminine et de franche franchise britannique , et avec un jeu de sourcils qui attribuait son excitation momentanée aux travaux de la mémoire, "bien sûr… Blanchemain . Les Sussex Blanchemains . Je j'imagine qu'il n'y a qu'une seule famille portant ce nom ? »

"Je n'en ai jamais entendu parler d'autre", a reconnu le jeune homme.

"Le Ventmere Blanchemains , poursuivit-elle pensivement. Lord Blanchemain de Ventmere est votre chef titré ?

"Exactement", dit-il.

« J'ai connu feu Lord Blanchemain , je l'ai assez bien connu », a-t-elle mentionné, toujours avec une certaine réflexion.

"Oh-?" dit-il poliment intéressé.

"Oui", dit-elle. "Mais je n'ai jamais rencontré son successeur. Je crois que les deux hommes n'étaient pas en bons termes. Bien sûr," - et sa franchise britannique la fit trébucher sur ce terrain délicat, - " il est de notoriété publique que la famille est divisée. contre elle-même - branches hostiles - une branche protestante et catholique. Le seigneur actuel, si j'ai bien compris, est catholique et le cousin éloigné du défunt seigneur ?

"Vous avez tout à fait raison", lui assura le jeune homme avec un hochement de tête et un petit rire. "Ils avaient le même arrière-arrière-grand-père. Les derniers seigneurs ont été protestants, mais dans notre branche la famille n'a jamais abandonné l'ancienne religion."

"Je sais", dit-elle. « Et n'est-ce pas — j'ai entendu cette histoire, mais je suis un peu flou — n'est-ce pas à cause de votre — est-ce que « récusation » est le mot ? — que vous avez perdu le titre ? une sorte de pratique pointue à vos dépens au siècle dernier ?

Le jeune homme eut encore un petit rire.

« Oh ! rien, répondit-il, ce n'était pas vraiment à la mode. L'arrière-grand-père du défunt seigneur dénonçait son frère aîné comme papiste et jacobite, rien de plus. C'était après les 45. Le cadet a donc pris le titre et les domaines. Mais avec la mort du défunt seigneur, il y a une douzaine d'années, la lignée la plus jeune a disparu et le titre est revenu.

"Je vois", dit ma dame. Elle fronça les sourcils, calculant. Au bout d'un instant : « Le général Blanchemain , reprit-elle, comme on a appelé le seigneur actuel pendant la meilleure partie de sa vie, est célibataire. Vous serez un de ses neveux ? Elle leva les yeux d'un air interrogateur.

"Le fils de son frère Philippe", dit le jeune homme.

Lady Blanchemain se redressa de nouveau.

" Mais alors, " s'écria-t-elle en oubliant de cacher sa perturbation, " alors vous êtes l'héritier. Philippe Blanchemain n'a eu qu'un fils et était le cadet immédiat du général. Vous êtes John Blanchemain , John Francis Joseph Mary. Vous êtes l'héritier."

Le jeune homme sourit – de son empressement, peut-être.

"L'héritier présomptif, je suppose que je le suis", dit-il.

Lady Blanchemain se pencha en arrière et rit doucement.

"Voyez comment je connais ma pairie !" s'exclama-t-elle. Puis, l'air grave, "Vous êtes l'héritière d'un vieux titre d'une rareté", l'informa-t-elle.

"J'espère qu'il me faudra encore de longues journées avant de devenir autre chose", dit-il.

"Votre oncle est un vieil homme", lança-t-elle d'un ton suggestif.

"Oh, pas si vieux," soumit-il. "Seulement soixante-dix ans environ, et plus jeune à bien des égards que moi. J'espère qu'il vivra éternellement ."

"Hum!" » dit-elle, et parut rêveuse. Distraitement, semblait-il, et lentement, elle ôtait ses gants.

« Les querelles au sein des familles, dit-elle en une minute, sont de mauvaises choses. Pourquoi ne les inventez-vous pas ?

Le jeune homme agita la main, un *non- possumus pantomime* .

"Il n'y a plus personne avec qui se réconcilier, les autres sont tous morts."

"Oh?" se demanda-t-elle, les sourcils relevés, tandis que automatiquement ses doigts continuaient d'opérer sur ses gants. "Je pensais que le dernier seigneur avait laissé une veuve. Il me semble avoir entendu parler d'une *dame* Blanchemain quelque part."

Le jeune homme eut encore un de ses petits rires.

"Linda Dame Blanchemain ?" il a dit. "Oui, on entend beaucoup parler d'elle. Un personnage très original, à tous points de vue. On entend parler d'elle partout."

Linda Lady Blanchemain commença à trembler ; mais elle l'a maîtrisé.

"Bien?" » demanda-t-elle, les yeux fixés sur les siens et débordant d'une sorte de défi humoristique, comme pour dire : « Considérez-moi comme un vieil intrus impertinent si vous voulez, et faites de votre mieux. » – « Pourquoi ne vous réconciliez-vous pas avec *elle ?* ?"

Mais cela ne semblait pas du tout le déranger. Il se tenait à l'aise et présentait son cas de manière plausible.

"Pourquoi pas moi ? Ou pourquoi pas mon oncle ? Mon oncle est un conservateur capricieux, un fidèle de ses traditions - le genre d'homme qui ne fera jamais rien qui n'ait pas été l'habitude constante de ses ancêtres. Il Je ne rêverais pas plus de guérir une querelle de famille bien établie que de vendre l'assiette familiale. Et moi, eh bien, ce ne serait sûrement jamais à moi de faire des avances.

"Non, vous avez raison", a reconnu Lady Blanchemain . "Les avances devraient venir d'elle. Mais les gens ont une façon tellement fatale, même sans être des conservateurs capricieux, de laisser les choses telles qu'ils les trouvent. D'ailleurs, ne t'ayant jamais vu, elle ne pouvait pas savoir à quel point tu es gentil. Tout de même. , j'avoue, si vous insistez, qu'elle devrait avoir honte d'elle-même. Voyons, réconcilions-nous.

Elle se leva, grande vision douce et lumineuse de bienveillance, et lui tendit la main, maintenant sans gants, sa jolie petite main droite, lisse et potelée, avec ses anneaux scintillants.

"Oh!" s'écria le jeune homme étonné, le jeune homme étonné, amusé, ému, étonné et tout à fait conquis, ses yeux bleu marine grands ouverts et dans lesquels dansaient cent lumières de plaisir et de surprise.

La vision bienveillante flotta vers lui, et il prit la petite main blanche dans sa longue et maigre main brune.

# VIII

Lorsque la première tension de leur émotion fut en quelque sorte passée, Lady Blanchemain , retournant à sa place sur le pouf, demanda à John de s'asseoir à côté d'elle.

"Maintenant", dit-elle d'un ton cordial et impératif, tandis que toutes sortes d'intérêts aimables et admiratifs brillaient sur son visage, "il y a exactement neuf millions quatre-vingt-dix-neuf questions auxquelles vous serez obligé de répondre avant que j'en ai fini avec vous. Mais pour commencer, vous devez dissiper immédiatement un mystère qui me trouble depuis que vous vous êtes précipité à mon secours à la porte. Quelle est, au nom de la Raison, la raison de votre séjour dans cette forteresse ultramondaine ?

John – convainquez-moi de maudite itération s'il le faut : le ciel m'a envoyé un héros rieur – John a ri.

"Oh," dit-il, "il y a plusieurs causes, il y en a exactement neuf millions quatre-vingt-dix-huit."

"Nom", ordonna lady Blanchemain , "le premier et le dernier."

"Eh bien", obéit -il en réfléchissant, "je pense que le premier, le dernier et peut-être le principal intermédiaire serait... toute cette chose bénie." Et son bras décrivait un cercle qui englobait le château et tout ce qui s'y trouvait, et la campagne au dehors.

"Il a un site agréable, je ne le nierai pas", a déclaré dame Blanchemain . "Mais tu ne trouves pas que c'est un peu loin ? Et un peu en montée ? Je loge au Victoria à Roccadoro et il m'a fallu une heure et demie pour arriver jusqu'ici."

"Mais puisque," dit John avec un regard flatteur, "puisque vous *êtes* ici, je n'ai plus aucune raison de déplorer son éloignement . Si peu d'endroits sont loin, en ces temps et sous ces climats", ajouta-t-il, sur une note de mélancolique, comme celui à qui tous les climats et toutes les époques étaient connus.

"Hum!" » dit lady Blanchemain d'un ton neutre. "Es-tu ici depuis longtemps?"

"Laisse-moi voir," répondit John. "Aujourd'hui, nous sommes le 23 avril. Je suis arrivé ici — j'offre le fait pour ce qu'il vaut — à l'occasion de la fête de tous les fous. "

" *Absit présage* ", s'écria-t-elle. "Et tu as l'intention de rester ?"

"Oh, je suis au moins assez sage pour ne pas m'enchaîner avec des intentions", répondit John.

Elle regardait autour d'elle, calculait, estimait.

"Je suppose que ça te coûte les yeux de ta tête ?" elle a demandé.

John rigola.

"Devinez ce que ça coûte, je vous le donne en mille."

Elle poursuivit son enquête, la ramena à un point.

"Un milliard par semaine", dit-elle avec détermination. John exultait.

« Cela me coûte, lui dit-il, six francs cinquante par jour, vin compris.

"Quoi!" s'écria-t-elle en se méfiant de ses oreilles.

"Oui", dit-il.

"Truquer!" dit-elle pour ne pas se laisser prendre dans la balle.

« Cela ressemble à un récit de voyage , je sais ; mais c'est si souvent le problème de la vérité », dit-il. "La vérité n'a aucune obligation d'être *vraisemblable* . Je suis ici *en pension* ."

Lady Blanchemain renifla.

"Est-ce que le prince de Zelt-Neuminster accueille des pensionnaires ?" » s'enquit-elle, le nez en l'air.

"Pas exactement", dit John. "Mais le Parroco de Sant'Alessina le fait. Je loge au presbytère. "

"Oh", dit Lady Blanchemain , commençant à voir de la lumière, tandis que ses sourcils montaient, descendaient. "Vous logez au presbytère ?"

"Pour six francs cinquante par jour, vin compris", rigola John.

"Le vin, et apparemment la jouissance sans entrave de... tout cela est béni", a-t- elle complété en rappelant son geste global.

"Oui, la gestion de la maison et du jardin, la liberté des collines et de la vallée."

"Je comprends", dit-elle, et elle resta muette pendant un moment, réajustant ses impressions. « J'avais supposé, » continua-t-elle enfin, « à la manière élégante avec laquelle vous avez raflé cette créature en lui faisant des nœuds sur l'épaule et avez procédé à faire les honneurs de l'endroit, que vous n'étiez guère moins que son propriétaire.

"Eh bien, et c'est pour ça que je pourrais presque sentir que je le suis," rit John. "Je suis seul ici, il n'y a personne à contester mon influence. Et quant à la créature aux nœuds d'épaule, que deviennent les droits de l'homme ou les bases de la société civile, si vous ne pouvez snober une créature à qui vous donnez régulièrement des pourboires." Pour cinq francs par semaine, la créature aux nœuds d'épaule nettoie mes bottes (indifférent bien), brosse mes vêtements, fait mes courses (indifférent lentement), — et avale mes snobs comme si c'était de la polenta.

"Et essaie de chasser les trébucheurs intrusifs de votre seuil - et reçoit une assiette supplémentaire pour ses douleurs", a ri la dame. « Où, demanda-t-elle, le prince de Zelt-Neuminster se tient-il ?

cas , à distance respectueuse. Le parroco , qui est aussi sa sorte d'intendant, me dit qu'il ne vient pratiquement jamais à Sant'Alessina . "

"Bon homme tranquille", dit- elle. "Oui, j'ai certainement supposé que vous étiez au moins son locataire. Vous avez un air." Et son mouvement de tête le complimentait.

"Oh, nous, marquis de Carabas !" s'écria John avec un éclat.

Elle le regarda d'un air dubitatif.

"Ne vous retrouveriez-vous pas dans une situation un peu difficile si le prince ou sa famille arrivait soudainement ?" » suggéra-t-elle.

"Moi ? Pourquoi ?" » demanda John, ses yeux bleus vides.

— Un jeune homme pensionné au parroco pour six francs par jour... commença-t-elle.

"Six francs cinquante, s'il vous plaît", intervint-il doucement.

"Faites-en sept si vous le souhaitez", concéda largement Sa Seigneurie. "Votre position ne serait-elle pas légèrement fausse ? Est-ce qu'ils réaliseraient vraiment qui vous étiez ?"

« Qu'est-ce que cela peut bien avoir d'importance ? » se demanda John, les yeux toujours plus vides.

"Je pourrais concevoir des occasions dans lesquelles cela pourrait avoir une importance furieuse", a-t-elle déclaré. "Les étrangers ne peuvent pas nous distinguer d'un demi-œil, comme nous le pouvons nous-mêmes, et les Autrichiens ont des notions si étrangement exaltées. Vous n'aimeriez pas être pris pour M. Snooks ?"

"Je ne sais pas", réfléchit John, des perspectives s'ouvrant devant lui. "C'est peut-être plutôt une plaisanterie."

" Whrrr ! " dit lady Blanchemain en s'éventant avec son mouchoir de poche. Puis elle le regarda avec méfiance. "Vous cachez les neuf millions d'autres causes dans votre manche. Ce n'est pas simplement la "chose bénie" qui maintient un aiglon de votre plume seul dans un nid improbable comme celui-ci - c'est quelque chose de particulier. À mon époque, ", soupira-t-elle, "ça aurait été une femme."

"Et ce n'est pas étonnant", répondit John avec un arc fleuri.

"Vous êtes très bon, mais vous confondez les choses", dit-elle. « De mon temps, le monde était jeune et romantique. À notre époque de prose et de prudence, *est* -ce une femme ?

"Le monde est encore, est toujours jeune et romantique", dit John sentencieux. "Je ne peux pas admettre qu'un âge de prose et de prudence soit possible. La poésie de la terre n'est jamais morte, et sa folie non plus. Le monde est toujours romantique, si vous avez les trois dons nécessaires pour le faire."

« *Est* -ce une femme ? répéta lady Blanchemain .

"Et les trois dons sont", dit-il, "la foi, le sens de la beauté et le sens de l'humour ."

"Et j'aurais dû penser qu'il s'agissait d'un membre attirant du sexe opposé", a-t-elle déclaré. « *Est* -ce une femme ?

"Eh bien," répondit-il enfin, semblant prendre conseil avec lui-même, "je ne sais pas pourquoi je devrais m'interdire le soulagement de vous avouer que, dans un sens, c'est le cas."

"Hourra!" s'écria-t-elle en bougeant sur son siège, émue, comme quelqu'un qui flairait sa diversion favorite. "Une histoire d'amour ! Je serai ta confidente. Raconte-moi tout ça."

"Oui, dans un sens, une histoire d'amour", a-t-il avoué.

"Bien, excellent", approuva-t-elle. "Mais... mais qu'entendez-vous par 'dans un sens' ?"

"Ah," dit-il en hochant sombrement la tête, "je veux dire par là des mondes entiers."

"Je ne comprends pas", dit-elle, le visage prêt à tomber.

"Ce n'est pas une femme, c'est une vingtaine, un siècle de choses chères", annonça-t-il.

Son visage est tombé. "Oh-?" elle a hésité.

"C'est une histoire d'amour avec un type", a-t-il expliqué.

Elle le désapprouvait. "Une histoire d'amour avec un type...?"

"Oui", dit-il.

Elle secoua la tête. "Je t'abandonne. D'un côté tu parles comme un mahométan, de l'autre comme... je ne sais quoi."

"Avec ça", dit John, sa bande tendue vers le mur. "Avec le type du Quattrocento."

Il se releva et alla d'image en image ; et un feu, à moitié en effet un mal ; mais la moitié peut être d'un véritable enthousiasme, brillait dans ses yeux.

"Avec ces dames perdues des vieilles années; ces ombres aux couleurs douces , qui étaient autrefois des chair roses; ces femmes d'autrefois fières, humbles, innocentes, subtiles, courageuses, timides, pieuses, voluptueuses. Avec elles; avec leurs leurs cheveux, leurs yeux et leurs bijoux, leurs petits nez penchés, méprisants et spirituels, leur « gorge si ronde et leurs lèvres si rouges », leurs vêtements splendides avec leur gaieté, leur pathétique, leur passion, leur bonté et leur cruauté, leur variété infinie, leur immortalité ; jeunesse. Ah, c'est dommage ! Leur jeunesse immortelle, et ils sont si irrévocablement morts. Voyez, » déclama-t-il soudain en riant, « comme le soleil, le soleil même du ciel, se bat avec moi, Quant à savoir lequel d'entre nous leur rendra le plus grand hommage, le soleil qui regarda autrefois leurs formes vivantes et se souvient - voyez comment il allume des lampes commémoratives autour d'eux, "car le soleil, réfléchi par le sol ciré, jetait un éclat sur le sol. toiles anciennes, et brûlaient vivement dans les bossages des cadres. "Donnez-moi ceci", conclut-il, "un livre ou deux et une cruche du 'vin inclus' du parroco - ma nature sauvage est déjà un paradis ."

lady Blanchemain , tandis qu'elle écoutait, étaient devenus de profonds puits de déception, puis des fontaines jaillissantes de reproches.

"Oh, espèce de méchant !" gémit-elle, quand il eut fini, en serrant son joli poing. "Donc, avoir élevé mes attentes, et ainsi les anéantir ! — Voulez-vous *vraiment* dire, " toujours accrochée à un soupçon d'espoir, plaida-t-elle, " vraiment, vraiment dire qu'il n'y a pas... pas de vraie femme ? "

"Je suis désolé", a déclaré John, "mais j'ai bien peur que ce soit vraiment le cas."

"Et tu n'es... pas vraiment amoureux de qui que ce soit ?"

"Non, pas vraiment", dit-il avec une mine qui feignait la contrition.

"Mais à ton âge, quel âge as-tu ?" elle s'interrompit pour exiger.

"Quelque part entre vingt-neuf et trente ans, je crois", a-t-il ri.

"Et dans un environnement aussi romantique, et pas à cause d'une femme ! Ce n'est carrément pas naturel", a-t-elle déclaré. "C'est une pure trahison contre l'état royal de la jeunesse."

"Je suis terriblement désolé", a déclaré John. — Mais après tout, à quoi bon se lamenter ? Rien ne pourrait arriver, même s'il y avait une femme.

Lady Blanchemain parut alarmée.

"Rien ne peut arriver ? Que veux-tu dire ? Tu n'es pas *marié* ? Si tu l'es, ce doit être en secret, car tu es considéré comme célibataire à Burke."

"Autant que je sache", la rassura John en riant, "Burke a raison. Et j'espère sincèrement qu'il n'aura peut-être jamais l'occasion de réviser sa déclaration."

"Pour l'amour de Dieu", s'écria-t-elle, "ne me dites pas que vous détestez les femmes !"

"C'est justement le point", dit-il. "Je suis un adorateur du sexe."

"Eh bien?" demanda-t-elle, perdue. "Comment pouvez-vous souhaiter 'dans la prière' de rester célibataire ? D'ailleurs, n'êtes-vous pas héritier d'une pairie ? Qu'en est-il de la succession ?"

"C'est justement le point", argumenta-t-il perversement. "Et tu sais qu'il y a plein de cousins."

"Juste le but ! juste le but !" » s'inquiétait Lady Blanchemain . "Quel est le problème ? Juste le fait que vous n'êtes pas un haineux pour les femmes ? – juste le fait que vous êtes l'héritier d'une pairie ? Vous parlez comme Tom o' Bedlam."

" Eh bien, voyez-vous, " expliqua John sans se laisser décourager, " en tant qu'adorateur du sexe et héritier d'une pairie, je ne voudrais pas épouser une femme à moins de pouvoir la soutenir d'une manière qui convient à son rang... et je ne pouvais pas."

« Ce n'est pas possible ? » se moqua la dame. "J'aimerais savoir pourquoi pas ?"

"Je suis aussi - si vous me permettez d'exprimer ma pensée dans un langage quelque peu banal - trop pauvre et bestiale."

" *Vous... pauvre ?* " s'écria dame Blanchemain en retombant.

"Oui, mais honnêtement", affirma John pour calmer ses craintes.

Elle ne put s'empêcher de sourire, même si elle fronça résolument les sourcils.

"Soyez sérieux", lui ordonna-t-elle. "Est-ce que ton oncle ne te verse pas une allocation convenable ?"

"Je vous tromperais," répondit John, "si je disais qu'il m'a fait une personne *inappropriée* . Il ne me fait, pour le dire en chiffres ronds, exactement aucune allocation du tout."

« Le... vieux... grincheux ! s'écria lady Blanchemain étonnée et scrutant farouchement ses paroles.

"Non," répondit John d'une manière apaisante, "ce n'est pas un grincheux. Mais c'est un homme très particulier. C'est un Spartiate, et il manque d'imagination. Il ne lui est tout simplement jamais venu à l'esprit que je pourrais avoir *besoin* d'une allocation. Et, si Si vous en arrivez là, je ne peux pas dire que c'est vraiment le cas. J'ai un petit patrimoine, environ trois pence par semaine, suffisant pour mes humbles nécessités, mais à peine peut-être pour subvenir à l'état d'une future pairie. mon oncle n'est pas un grincheux, c'est un très bon vieux garçon, dont je suis immensément fier, et même si je n'ai pas encore vu la couleur de son argent, nous sommes en tout cas les meilleurs amis du monde, vous. Je conviens que ce serait un diable à payer si je tombais amoureux.

" Ffff ", souffla dame Blanchemain en s'éventant. " Qu'ai-je dit d'une époque de prose et de prudence ? Pourtant, vous n'avez pas *l'air de* sang-froid. Qu'importe l'argent ? *Dominus providebit* . Allez lire Browning. Quelle est « la vraie fin, unique et unique » que nous sommes ici. car ? D'ailleurs, n'avez-vous jamais entendu dire qu'il existe dans le monde des héritières pouvant être mariées ?

"Oh, oui, j'ai entendu ça," acquiesça joyeusement John. "Mais ne louchent-ils pas presque toujours ou quelque chose comme ça ? J'ai aussi entendu dire qu'il existe des chasseurs de fortune touffus, mais leur carrière exige une vocation particulière, et j'ai bien peur de ne pas l'avoir fait." j'ai compris."

"Alors vous n'êtes pas un vrai marquis de Carabas ", le prit vivement la dame.

"Vous m'avez découvert, je ne suis qu'un *faux-marquis* ", a-t-il ri.

" Thrrr ! " » souffla dame Blanchemain , et pendant un moment elle parut perdue dans ses pensées. Peu à peu, elle se leva, alla à la fenêtre et resta à regarder dehors. "Je n'ai jamais vu de plus beau paysage", dit-elle d'un ton songeur. "Avec les collines grises, et les sommets enneigés, et le ciel brillant, avec la lumière dorée et les ombres violettes, et les cyprès et les oliviers, avec la rivière qui brille en bas, parmi les fleurs de pêcher, et... n'est-ce pas une calotte noire qui chante dans le mimosa ? Il lui suffit d'un couple d'amants pour être parfait — il *pleure* pour un couple d'amants, et à leur place, je trouve — quoi ? . *Avez* -vous le sang-froid ? » » a-t-elle demandé par-dessus son épaule.

John se contenta de rire.

" Cela vous servirait bien, " dit-elle d'un ton truculent, " si quelqu'un vous frottait les yeux avec amour dans l'oisiveté, pour vous faire adorer la prochaine créature vivante que vous voyez. "

John se contenta de rire.

"Je vais vous dire," poursuivit-elle, "je suis un peu une vieille sorcière, et je vais risquer un mot de bonne aventure . Comme il n'y a pas encore de femme, il y en aura bientôt une - je me pique les pouces." Le décor est planté, la scène est trop appropriée, la pièce est inévitable. Il n'a jamais été dans la volonté de la Providence qu'un jeune de votre teint passe le printemps dans un endroit aussi chargé de romantisme et rate une aventure amoureuse. Un château dans un jardin, une vallée fleurie et le ciel italien, le soleil et la lune italiens aussi, si vous voulez, vos portraits de femmes mortes souriantes, pour faire travailler votre imagination. Et les têtes noires qui chantent dans le mimosa. La dame de la pièce attend dans les coulisses, mes pouces me piquent. Donnez-lui la moindre excuse, elle entrera, et... Mon Dieu, mon âme prophétique ! elle s'interrompit brusquement, avec une sorte de pincement à la gorge.

Elle se tourna et lui fit face, les joues rouges et les yeux brillants.

"Oh, espèce d'hypocrite ! Espèce de monstrueux mensonge !" s'écria-t-elle, sur un ton de jubilation, en regardant des poignards.

"Pourquoi ? Quoi de neuf ? Qu'est-ce qu'il y a ?" » demanda John, en faute.

"Comment *as-tu pu* me humilier ainsi ?" gémit-elle, ravie, en se retournant vers la fenêtre. "En tout cas, elle est charmante. Elle est faite pour le rôle. Je ne pourrais pas prier pour une héroïne plus prometteuse."

"Elle qui?" demanda-t-il en se plaçant à ses côtés.

"Qui ? Fie, espèce de sournois !" elle a chanté de joie.

"Ah, je vois," dit John.

Car, au-dessous d'eux, dans le jardin, juste au-delà des mimosas (tout poudrés d'or frais) où chantait la calotte noire, se tenait une femme.

---

# IX

Elle se tenait dans l'allée, à côté d'un cadran solaire, d'où elle semblait prendre l'heure du jour, un objet antique en pierre grise, verte et brune de mousse ; et elle souriait agréablement à elle-même, sans se rendre compte du couple qui l'observait d'en haut. Elle portait une robe de jardin de couleur claire et était tête nue, comme si elle appartenait aux lieux. Elle était jeune, vingt-deux ou trois ans, à en juger par son aspect : jeune, svelte, d'une excellente taille et, j'espère que vous en conviendrez, une belle figure. Elle étudia le cadran solaire et sourit ; et avec ses yeux sombres et ses traits légèrement ciselés , la rose pâle de ses joues et la rose plus profonde de sa bouche, avec ses cheveux aussi, presque noirs dans l'ombre, mais où le soleil les touchait devenant d'un rouge sombre , - oui, je Je pense que tu aurais convenu qu'elle était belle. Lady Blanchemain , en tout cas, la trouvait ainsi.

"Elle est plutôt adorable", a-t-elle déclaré. "Son visage est exquis, si sensible, si spirituel, si distingué, si aristocratique. Et si *intelligent* ", a-t-elle ajouté après une suspension.

« Mm ! » » dit John, le front plissé, comme si quelque chose le laissait perplexe.

"Elle a de la taille, elle se tient bien", dit lady Blanchemain .

« Mm ! » dit Jean.

" Je suppose, " dit-elle, " vous êtes trop simple homme pour pouvoir apprécier sa robe ? C'est l'ouvrage d'une couturière qui connaît son métier. Et cette mousseline lilas (qui est si à la mode maintenant) l'apprécie vraiment, en le plein air, avec la campagne pour toile de fond, présente un immense avantage. Venez, dites-moi tout *d'* elle .

"C'est exactement ce que je pense en haut d'un arbre", a déclaré John. "Je ne peux pas imaginer. Depuis combien de temps est-elle là ? De quelle direction vient-elle ?"

"N'essayez plus de me tromper", remontra la dame, incrédule.

"Je ne l'ai jamais vue de ma vie auparavant", affirma-t-il solennellement.

Elle le scruta attentivement.

"La main sur le coeur?" elle doutait.

Et lui, soutenant sans broncher son examen minutieux, répondit : « La main sur le cœur.

"Eh bien," conclut-elle en riant, "on dirait que j'étais encore plus une vieille sorcière que je ne le prétendais, et mes pouces se sont piqués pour quelque raison. Voici la dame de la pièce déjà arrivée. La voilà, elle est s'en va. Comme elle marche bien ! Poursuivez-la, recherchez- la vite et commencez votre cour.

La jeune femme souriante, sa robe lilas doucement éclairée par le soleil, avançait lentement dans l'allée du jardin, vers le cloître ; et maintenant elle y entra et disparut. Mais John, au lieu de « s'en prendre à elle », restait aux côtés de son conseiller et regardait.

"Elle est venue de cette porte basse, là-bas à droite, où se trouvent les deux cyprès; et elle est arrivée au point culminant même de ma vaticination ", a déclaré milady. "Sans chapeau, vous ne contesterez guère la probabilité qu'elle reste dans la maison."

"Non, cela semble certainement le cas", a déclaré John. "Je suis tout en haut d'un arbre."

"Le jardin a l'air plutôt morne et vide, maintenant qu'elle est partie, n'est-ce pas ?" elle a demandé. " Pourtant, cela avait l'air assez joyeux avant son avènement. Et voyez : les lézards (il y en a quatre, n'est-ce pas ?) qui s'éloignèrent du cadran à son approche, sont revenus. Eh bien, *votre* travail est terminé. Je Supposez qu'il ne vous soit pas possible de donner un plat de thé à une pauvre femme ? »

"J'étais sur le point de le proposer", a déclaré John. "Puis-je vous conduire à mes quartiers ?"

---

# DEUXIÈME PARTIE

# je

Le lendemain matin, assez tôt, Jean marchait parmi les olives. Il était sorti (directement de son lit, et dans les toilettes peut-être les moins considérées : un vieux ulster à frise, orné de gros boutons de nacre, une paire de pantoufles turques, une serviette de bain sur l'épaule, et pour couvrant juste son chaume natal non peigné), il était allé nager, à environ un demi-mile en amont, jusqu'à un endroit qu'il connaissait où le Rampio - le Rampio fou , tous les bas-fonds et rapides - se repose un instant dans une piscine, large et profond, translucide, invitant et, comme vous le percevez lorsque vous avez plongé, d'un froid des plus affirmés. Maintenant, il rentrait tranquillement chez lui, vers le presbytère et ce qui s'y passait pour le petit-déjeuner.

Le flanc de la colline s'élevait depuis la rive du fleuve en une série de terrasses irrégulières, soutenues par des murs en pierre brute. Les vieux arbres noueux se penchaient les uns vers les autres et s'éloignaient comme des nains et des dos courbés dansant un menuet fantastique ; et dans l'herbe au-dessous d'eux, où le soleil lançait ses traits enflammés et projetait son filet d'ombres, Chloris avait dispersé d'innombrables fleurs sauvages : des jacinthes, couleur du ciel ; les violettes, qui parcouraient l'air à des mètres à la ronde avec leur parfum provoquant des sentiments ; tulipes rouges et jaunes; parfois un grand iris impérial ; çà et là de petites compagnies de jonquilles blanches et hochant la tête. Çà et là aussi, les étendues d'un vert poussiéreux étaient pointées par la sombre flèche d'un cyprès, seule, dans une sorte d'isolement sombre ; çà et là, une pêche ou un amande en fleurs, d'un rose gai, envoyait au cœur un petit frisson de joie inexprimable. L'air était adouci par de nombreuses choses qui respiraient de l'encens, outre les violettes, par la mousse et l'écorce, par l'herbe chargée de rosée, par la terre brune et humide ; et c'était rapide avec la musique : les abeilles bourdonnaient, les feuilles chuchotaient, les oiseaux appelaient, chantaient, bavardaient, se disputaient, et le Rampio jouait un accompagnement de cristal.

John se balançait en avant à l'aise, tandis que des lézards, avec des queues qui semblaient extravagantes, s'enfuyaient devant ses pieds, terribles pour eux, sans doute, comme une armée avec des bannières, car ses pantoufles turques, bien qu'elles ne fussent pas dans leur jeunesse immaculée, étaient d'écarlate. cuir brodé dans un riche dispositif d'or. Et bientôt (expérience inhabituelle à cette heure-là dans le bois d'olivier) il entendit une voix humaine.

" Ohé ! Mes braves gens, là ! Aurez-vous la gentillesse de me cueillir quelques-unes de ces anémones ? Voici une lire pour votre peine. "

C'était une voix féminine ; c'était jeune et mélodieux ; c'était fini, poli, délicatement modulé. Et son inflexion était à la fois confiante et gracieuse : il est clair que l'oratrice tenait pour acquis qu'elle recevrait de l'attention, et elle a abondamment exprimé ses remerciements au préalable. C'était une voix qui évoquait dans l'imagination une charmante image d'une femme fraîche, jeune, confiante et gracieuse.

"Bonjour!" se dit John. "Qui existe-t-il dans cette partie du monde avec une voix pareille ?"

Et il pensait qu'il ne serait pas surprenant qu'en jetant un coup d'œil autour de lui, il aperçoive, comme c'était effectivement le cas, l'étranger d'hier, l'inconnu du jardin.

# II

Elle se tenait sur l'une des terrasses les plus élevées (un tableau vraiment charmant, clair et droit, à l'ombre chaude des oliviers), et appelait deux paysans travaillant de l'autre côté du ruisseau. Entre le pouce et l'index d'une main droite blonde et non gantée, elle tenait une lire en argent.

Des anémones, dit-elle ! Près de l'endroit où les hommes travaillaient, au bord de la rivière, il y avait un espace de terrain plat, long d'environ cent pieds et se rétrécissant de la moitié de cette largeur jusqu'à une pointe. Et c'était simplement cramoisi et violet avec une multitude innombrable d'anémones.

Elle appela les hommes, et celui qui la voyait et l'entendait aurait pensé qu'ils devaient tout abandonner et se précipiter pour exécuter ses ordres. Mais ils ne l'ont pas fait. S'arrêtant seulement le temps de lui lancer un regard flegmatique, comme s'ils doutaient qu'elle puisse avoir l'impertinence de *leur parler* , et ne se garant pas de dire un mot, chacun continua calmement son travail ; - très, très calmement, *piano* , *piano.* , doucement, langoureusement, remplissant de petits paniers d'olives tombées et les vidant sur des toiles étalées. Il y a, et c'est plus dommage, deux types de paysans italiens. Il y a le vieux type, que nous avons connu dans notre jeunesse, et qui, heureusement, survit encore en nombre, le paysan qui, malgré tous ses haillons, a des manières qui font souvent honte aux siennes, et, avec une *simpatia* comme la seconde vue, est avant nos désirs, dans notre désir de servir et de plaire. Et il y a le nouveau type, que nous connaissons à notre grand dégoût, et qui malheureusement se multiplie comme de la vermine, le paysan qui a prêté l'oreille au social-démocrate et, le cœur envenimé par la haine de classe, rencontre votre civilité avec des regards noirs et le comportement d'un idiot dans les bouderies.

Ainsi, même si sa voix était douce à entendre, et même si, debout dans la pénombre chaude du verger d'oliviers, grande, droite et gracieuse, dans sa robe brillante, elle faisait un tableau charmant, et même si elle offrait une livre d'argent en guise de cadeau. prix, les hommes se contentèrent de la regarder d'un air grossier et continuèrent leur travail - langoureusement, paresseusement, comme des hommes qui considéraient la nécessité de travailler comme un outrage et n'allaient pas l'accepter en travaillant avec quoi que ce soit qui ressemble à un testament.

Or, John Blanchemain , comme je l'ai déjà mentionné, était un type inconscient. Dans son inconscience, oubliant plusieurs bagatelles qui auraient pu lui peser (oubliant par exemple la beauté ternie de ses pantoufles turques, et sa tête torsadée , et la serviette de bain qui coulait de son épaule comme un morceau de draperie classique), obéissant à son impulsion et à son instinct, il se jeta dans la brèche.

« Des brutes », marmonna-t-il entre ses dents. Puis, avec son accent d'homme du monde le plus simple : « Si vous pouvez attendre deux minutes », lui cria-t-il à haute voix. Et ainsi il descendit les terrasses et se fraya un chemin de pierre en pierre à travers les bas-fonds, jusqu'au champ d'anémones, où leurs pétales satinés, comme des vaguelettes croustillantes, tous ondulés dans l'air en mouvement, miroitaient de lumières toujours changeantes. . Et en un clin d'œil, il en avait rassemblé une grosse brassée et remontait.

"Je vous en prie", dit-il de son air brusque, en les lui tendant et en s'inclinant légèrement, avec cette assurance sans doute qui était la sienne, tandis que ses yeux bleus (pour la mettre tout à fait à l'aise) souriaient, franchement. et amicale et sereine, dans ses sombres.

Mais la sienne semblait troublée. Elle a regardé les fleurs, elle a regardé John, je pense qu'elle a même regardé sa lire. Ses yeux semblaient indécis.

« Prenez-les, je vous en prie, » dit-il toujours souriant, toujours franc et assuré, mais comme un peu perplexe, un peu amusé par son hésitation, et plus légèrement homme du monde que jamais, son ton étant le même. de haut détachement, pour lui épargner tout sentiment éventuel d'obligation personnelle et pour placer sa performance à la lumière d'une évidence, comme s'il n'avait rien fait d'autre que ramasser et rendre, disons, un mouchoir qu'elle aurait pu avoir. abandonné. « Vous aviez raison », avoua-t-il en pensant à lady Blanchemain ; "elle est belle." Ici, au plus près d'elle, la perception de sa beauté devenait aiguë, ici, sous les vieux arbres gris, dans la pénombre feuillue, seul avec elle, à deux pas d'elle, où les oiseaux chantaient et les violettes poussaient leurs cris. haleine parfumée. Il vit que ses yeux étaient beaux (doux, profonds et lumineux, malgré leur trouble), et son front blanc et bas, et les masses sombres de ses cheveux, sous son chapeau de jardin, et la rose sur ses joues, et le rouge... s'est levée de sa bouche. Et il a vu et ressenti la beauté et la vitalité de son jeune corps fort.

Mais entre-temps, elle avait tendu, un peu timidement, sa belle main non gantée et pris les fleurs.

"Vous êtes très bon, j'en suis sûre. Merci beaucoup", dit-elle assez faiblement, avec une petite inclinaison grave de la tête.

John, toujours avec une assurance magnifique, leva la main pour ôter son chapeau d'homme du monde et s'incliner ; et elle rencontra ses cheveux nus, nus et encore mouillés d'un récent esquive. Alors, tout à coup, les bagatelles qu'il avait oubliées lui furent rappelées, et enfin (selon la formule du criminologue) « il comprit sa position : « sans chapeau et sans peigne, avec la serviette de bain en bandoulière sur son épaule, dans ce vieux frise avec ses boutons ridicules, dans ces affreuses pantoufles turques, offrant, avec ses manières grandioses, des fleurs à une femme qu'il ne connaissait pas, et souriant pour la mettre à son aise ! Son visage rose brûlait d'un rose plus vif, ses oreilles devenaient chaudes, son cœur se refroidissait. L'arc qu'il avait finalement réalisé était le bourgeon flétri de l'arc qu'il avait projeté ; et comme la terre, par charité, ne l'ouvrait pas et ne l'engloutissait pas, il s'empressa tant bien que mal, et avec un douloureux sentiment de furtivité, de soustraire sa personne découragée à ses regards.

Quand ces types inconscients sont surpris et pris de conscience , j'imagine qu'ils le prennent mal. Je ne sais pas combien de temps il s'est écoulé avant que John ait fini de se lancer des malédictions silencieuses, silencieuses mais sauvages ; sa chance, son « application bestiale », sur tout cet incident affligeant : des injures qu'il ne pouvait s'empêcher de diversifier de temps en temps avec un éclat de rire splénétique, comme le ferait de manière récurrente la vision de la silhouette qu'il avait fait.

*"- éclair sur cet œil intérieur*
*qui est le bonheur de la solitude ."*

" Oh, espèce *de singe !* " gémit-il. "Agréé comme Pudding Jack, et, avec vos ineffables simagrees , offrant des fleurs à une étrange femme !"

Si *elle* avait seulement ri, souri, cela n'aurait pas été si grave, cela aurait montré qu'elle comprenait. "Mais à travers tout cela", se tordit-il pour se rappeler, "elle était aussi solennelle qu'une personne en deuil. Je suppose qu'elle était choquée - peut-être qu'elle avait peur - très probablement elle m'a pris pour un clochard. Je m'étonne qu'elle n'ait pas couronné ma béatitude. en me donnant sa lire, ces étrangers manquent tellement de discernement.

Et là-dessus, un détail assez étrange lui revint à l'esprit. *Était* -elle étrangère ? Car il lui revenait vaguement que lui, impulsif et irréfléchi, lui avait parlé en anglais tout au long de sa conversation. "Et de toute façon", - cela revenait distinctement, - "c'est certainement en anglais qu'elle m'a remercié."

# III

Ce qui était pris pour le petit-déjeuner au presbytère était l'habituelle évasion continentale de ce repas : du pain et du café, expédiés dans votre appartement. Mais à midi, la maison se réunit pour dîner.

La salle à manger, au rez-de-chaussée, longue et basse, avec un plafond voûté blanchi à la chaux et un pavé de tuiles rouges usées, était une pièce propre et nue qui (imprégnée d'une odeur curieuse, sèche et non désagréable ) semblait en fait, sentir la nudité, ainsi que la propreté. Il y avait une table, il y avait une commode, il y avait quelques chaises en bois de sapin non peintes, à fond en jonc (exactement comme les chaises de l'église, dans toutes les églises italiennes), et il n'y avait absolument rien d'autre qu'un grand Crucifix noir et blanc. fixé au mur. Mais, en compensation, ses fenêtres s'ouvraient vers le sud, l'inondaient de soleil et dominaient la merveilleuse perspective de la vallée, les collines bleu-gris, les sommets enneigés, les basses terres fleuries et l'opalescence lointaine. que tu savais que c'était le lac.

A midi, le parroco , sa nièce Annunziata et son pensionnaire se retrouvèrent pour dîner.

Le parroco était un homme petit, gros, fleuri, aux cheveux noirs, au nez de faucon, à l'air féroce, encore jeune, si quarante-cinq ans peut être considéré comme jeune, avec une paire de lèvres minces et des mâchoires puissantes qui, à dessein. de parole, il n'a jamais ouvert s'il pouvait s'en empêcher. Jamais, — jusqu'à ce que dimanche arrive : quand, montant en chaire, il les ouvrit effectivement, et son discours refoulé éclata dans un torrent parfait de sermon, un jaillissement sauvage de mots, criés au plus fort d'une voix remarquablement vigoureuse. , saisissant pendant une minute ou deux en raison de la simple énergie physique qu'il représentait, puis pendant une longue demi-heure délicieusement ennuyeux. Mais les jours de semaine, il gardait un silence prodigieux, et ce (comme, bien qu'il ait l'air féroce, il n'était pas du tout vraiment féroce) c'était souvent une étude malveillante de John pour le tenter de rompre. En outre, aujourd'hui, John était honnêtement préoccupé par la recherche du savoir.

En conséquence, Grace ayant dit : « Vous ne m'avez jamais dit, » commença-t-il, prenant un air d'intérêt intelligent, « que le château était hanté. » Il regarda le profil napoléonien de Don Ambrogio , mais du bout de l'œil il surveillait aussi Annunziata, et il vit que cette sage petite fille devenait attentive.

"Non", dit Don Ambrogio entre deux cuillerées de soupe.

« Vous comprendrez donc mon étonnement, » continua John avec courtoisie, « quand j'ai découvert que c'était le cas.

"Ce n'est pas le cas", a déclaré Don Ambrogio . Il se livrait avec diligence aux affaires de l'heure ; sa cuillère volait d'avant en arrière comme une navette. Sa serviette, rentrée dans son col romain, protégeait sa poitrine, une efficace cuirasse blanche.

"Oh ? Pas le château ?" questionna Jean. "Seulement le jardin ? Et le bois d'olivier ? C'est vrai, à la réflexion, je ne l'ai jamais vu dans la maison."

"Rien ici n'est hanté", dit le parroco . Il fit signe à Annunziata, qui se leva pour changer les assiettes. Ses grands yeux étaient brillants, son petit visage sérieux était alerte ; mais elle ne songerait jamais à parler en présence de son oncle. Marcella, la cuisinière, a apporté l'incontournable veau.

"Oh, pour cela," insista John, courtois mais ferme, "je vous demande pardon. Je l'ai moi-même vu à deux reprises; et, de peur que vous ne considériez que c'était une illusion subjective, je puis vous dire qu'il a été vu hier simultanément. par un autre."

"C'est ? C'est ? Qu'est-ce que *c'est* ?" demanda le parroco , son visage bec et ensanglanté plus féroce que jamais, tandis qu'il tombait sur l'inévitable veau avec un couteau à découper un peu émoussé.

" Ah, " dit John, " maintenant vous me faites regretter de ne pas avoir de talent pour peindre des mots. C'est la forme d'une femme, une jeune femme, grande, mince, dans un vêtement pâle et diaphane, qui apparaît ici, apparaît là, reste distinctement visible pendant quelques minutes, puis disparaît. Non, ce n'est pas une illusion subjective, et ce n'en est pas une non plus, ajouta la créature sans scrupules après une pause, en élevant la voix et en parlant avec emphase. , comme pour repousser l'insinuation, alors que les ténèbres du désenchantement balayaient le visage d'Annunziata, "ce n'est pas non plus, comme pourraient le conclure trop hâtivement certains imaginatifs, un spectre, un fantôme, une vapeur insubstantielle . C'est une matière réelle. la forme, qui vit et respire, et même, si elle y est poussée, parle. Cela n'a rien de surnaturel, à moins, en effet, que nous considérions transcendantalement que la Nature elle-même est surnaturelle. Je me demandais, Don Ambrogio , si, sans violer. une confiance, tu pourrais me dire à qui appartient cette forme ?

" Nossignore ", dit Don Ambrogio en économisant sa respiration.

"Ah," soupira John, hochant la tête avec résignation, "je le craignais autant. Devinant que j'ouvrirais une enquête, elle a pris de l'avance sur moi et vous a juré de garder le secret."

" Nossignore ", désavoua don Ambrogio , levant des yeux dont on ne pouvait soupçonner la sincérité.

Le visage de John prit une expression de surprise lésée.

"Mais alors pourquoi tu ne me le dis pas ?"

"Je ne peux pas vous le dire parce que je ne le sais pas", a déclaré Don Ambrogio .

"Oh, je vois," dit John. "Et pourtant", argumenta-t-il méditativement, "c'est difficile à concevoir. Je ne veux pas dire un seul instant que j'en doute, mais c'est difficile à concevoir, comme la théorie atomique et certains articles de religion. (J'entends , à propos, que les scientifiques rejettent la théorie atomique. Oh, scientifiques inconstants ! Oh, sables mouvants de la science !) Il ne peut sûrement pas y avoir beaucoup de formes aussi grandes et élancées, dans des vêtements diaphanes, apparaissant et disparaissant ici. et là, dans votre paroisse ? Et on pourrait supposer, par avance, que vous les connaissiez tous.

"Un paysan, un villageois", dit Don Ambrogio .

"Je vous pose la question en tant qu'observateur de la vie", dit John, "est-ce que les paysans, les villageois portent des vêtements diaphanes ?"

"Un visiteur, un touriste, venu de quelque endroit sur le lac", a déclaré Don Ambrogio .

"Je vous l'ai posé en tant qu'étudiant en probabilités", dit John, "est-ce qu'un visiteur, un touriste, venant de quelque endroit sur le lac, se promènerait dans le jardin du château sans chapeau ? Et apparaîtrait-il à Sant'Alessina deux jours de suite ?

Mais Don Ambrogio avait fini son veau, et quand il avait fini son veau, il quittait toujours la table, faisant d'abord deux fois dévotement le signe de la croix, puis, s'inclinant devant Jean, en prononçant la formule : « Vous permettrez gracieusement ? les affaires m'appellent. Mille regrets. Aujourd'hui, il a légèrement amplifié cette formule. « Mille regrets, dit-il, et autant d'excuses pour mon incapacité à me procurer l'information souhaitée ».

Après son départ, John se tourna vers Annunziata, où, dans son tablier de coton gris, les lèvres entrouvertes, ses grands yeux deux vifs points d'interrogation, elle s'assit en face de lui, impatiente d'aborder le thème.

"Eh bien, Maîtresse Sagesse !" il la salua en souriant et en agitant la main. " C'est une bonne et saine chose pour les jeunes d'être témoins de la déconfiture des méchants. Votre oncle se retire avec brio . Il a préparé, certes, un dîner léger, mais c'est son habitude quotidienne. Si vous avez des larmes à verser, je les ai jetés pour moi. Je n'en ai pas fait du tout.

À partir des points d'interrogatoire, les yeux d'Annunziata se sont transformés en abîmes d'émerveillement et, aussi grands qu'ils soient, semblaient s'agrandir de manière mesurable.

"Vous n'avez pas préparé de dîner ?" » protesta-t-elle de sa voix étrangement grave, qui faisait l'effet d'une immense solennité.

"Non, pauvre chéri," dit John avec pathos, "non, je n'ai pas préparé de dîner."

"Mais tu as beaucoup mangé", s'exclama Annunziata, fronçant les sourcils, perplexe. "Et tu manges toujours."

"Tout à fait", répondit John, "même si je pense que c'est peut-être un peu désagréable de votre part de me le jeter à la figure. J'ai beaucoup mangé, et je mange encore. C'est pour cela que je viens à table. dans une vie ordonnée comme la mienne, il y a de la place pour tout. Je viens à table pour manger, comme je me couche pour dormir et à l'église pour dire mes prières. Voulez-vous que je dorme à table, que je mange à l'église et que je fasse mes prières. Mais manger n'a rien à voir avec cette affaire. J'ai dit que je n'avais pas dîné. La question est : un chrétien peut-il dîner deux fois le même jour ? Réponds-moi à ça."

"Oh, non", répondit Annunziata, son visage pâle très sobre, et elle allongea ses voyelles en dépréciation de l'idée. "Au moins, ce serait de la gourmandise s'il le faisait."

"Vous y êtes", cria John. "Et la gourmandise n'est pas le plus mortel des sept péchés capitaux. Ainsi donc, à moins que vous ne vouliez me rendre coupable du péché mortel de la gourmandise, vous devez convenir que je n'ai pas dîné. Car je vais dîner ce soir. Je suis je vais dîner à l'hôtel Victoria à Roccadoro . Je vais dîner avec une dame. Je vais dîner dans toute la pompe de mon tailleur, avec une cravate blanche et des escarpins. un chrétien ne peut pas, sans culpabilité de gourmandise, dîner deux fois le même jour. C'est donc le comble du manque de charité , c'est une imputation délibérée de péché, de prétendre que j'ai déjà dîné.

Annunziata suivit son raisonnement pensivement, puis le redressa gravement.

"Non," dit-elle en baissant les paupières et en secouant rapidement la tête, "vous ne comprenez pas. Je vais vous expliquer." Ses yeux étaient de nouveau grands ouverts et brillants de zèle pour son instruction. " Vous avez déjà dîné. C'est une certaine vérité, car ce repas est un dîner, et vous l'avez mangé. Mais ce soir, vous allez à un dîner de cérémonie, et c'est différent. Un dîner de cérémonie ne compte pas. C'est comme un souper. Mon oncle lui-même est allé un jour à un dîner de cérémonie à Bergame. Non, ce ne sera pas de la gourmandise pour vous d'aller à un dîner de cérémonie.

"Vous parlez comme un petit pape", dit John avec enthousiasme. "En matière de foi et de morale, je crois que vous êtes infaillible. Si vous pouviez deviner le fardeau que vous avez enlevé de ma conscience !" Et il poussa un ouf chaleureux .

"Je suis content", a déclaré Annunziata. Et puis elle a tenté de revenir en arrière. La curiosité éclairant à nouveau ses yeux, "Cette forme que vous avez vue dans le jardin..." commença-t-elle.

"N'essayez pas de changer de sujet," l'interrompit John. " Cultivons la séquence dans nos idées. Ce que je m'efforce de vous arracher avec un marteau et des pinces, c'est la date exacte à laquelle, quelque part entre les années de notre salut 1387 et 1455, vous avez posé pour votre portrait au peintre béatifié Giovanni de Fiesole. Maintenant, sois un canard et fais-en une poitrine propre.

Les yeux d'Annunziata s'assombrirent. Une sorte de mépris, une sorte de pitié et une sorte de longanimité patiente se manifestaient chez eux.

"C'est de la folie", dit-elle sur la note la plus grave de sa voix, avec une succession de hochements de tête lents et réfléchis.

"Folie-?" répéta John, surpris, mais fade. "Oh vraiment?"

"Asseyez-vous pour mon portrait entre les années 1387 et 1455, comment pourrais-je?" se moqua Annunziata.

"Pourquoi ? Qu'est-ce qui t'en empêchait ?" l'interrogea-t-il innocemment.

" *Maman, viens !* Je n'étais pas encore en vie ", dit-elle.

John la regarda avec des yeux surpris et parla avec animation.

" N'êtes-vous pas ? Parole d' honneur ? En êtes-vous sûr ? Comment le savez-vous ? Avez-vous un souvenir précis que vous ne l'étiez pas ? Pouvez-vous vous rappeler clairement la période en question, puis, en l'examinant en détail, attester positivement que tu étais mort ? Car il n'y a pas de troisième choix. Une personne doit être soit vivante, soit morte. Et comment, si tu n'étais pas vivant, comment est-il arrivé qu'il y ait un portrait parfait de toi d'après le pinceau de Giovanni. Couvent Saint-Marc à Florence ? Votre petite figure blanche et grave, et vos petits grands yeux sages, et votre petit profil avide et curieux, et vos boucles qui coulent sur vos épaules, et votre tablier qui ressemble tellement à un péplum, les voilà tous, exactement comme je les vois devant moi maintenant. Et comment Giovanni a-t-il pu les faire si vous n'étiez pas vivant ? Peut-être étiez-vous en vie avant la mort dans le Ciel, comme on le sait, avait une fenêtre qui s'ouvrait directement sur le Ciel ? Peut-être vous a-t-il vu à travers cette fenêtre et vous a-t-il peint sans que vous le sachiez. Le nom qu'on donne d'ailleurs à votre portrait semblerait plutôt confirmer cette théorie. Comment crois-tu qu'ils l'appellent ? Ils appellent ça un *un angiolo* . J'en ai une copie en Angleterre. Quand vous viendrez à Londres rendre visite à la Reine, je vous le montrerai."

Annunziata a lancé ses boucles fluides.

« La forme de la jeune femme que vous avez vue dans le jardin… » reprit-elle.

"Ah," dit John, "observez à quel point les gros poissons et les petits poissons seront différemment affectés par le même appât."

« Quand vous en avez parlé pour la première fois, dit-elle, j'ai cru que vous aviez vu une sainte apparition.

"Oui", dit-il. "C'était parce que j'avais formulé ma communication dans un langage délibérément trompeur. J'ai employé la terminologie de la tradition des fantômes. J'ai dit 'hanté' et 'apparaître', et des choses comme ça. Et vous avez été très correctement et naturellement trompé. Je m'attendais avec confiance à cela. vous le seriez. Non, il n'est pas donné aux vieillards souillés et usés par le monde comme moi de voir de saintes apparitions.

"Des vieillards ? Vous n'êtes pas un vieil homme", dit Annunziata.

"Oh ? Non ? Que suis-je alors ?" dit Jean.

"Vous êtes un homme d'âge moyen", dit-elle.

"Merci, Langue d'Or", dit-il en s'inclinant.

"Et tu es sûr qu'il s'agissait simplement d'une personne réelle ?" poursuivit-elle.

"Non", dit-il. "Je suis trop profondément imprégné des principes fondamentaux de la métaphysique pour être sûr de la réalité objective des phénomènes. Je ne peux que jurer sur mon impression. Mon impression était et est toujours qu'il s'agissait simplement d'une personne réelle."

"Alors," dit Annunziata avec décision, "ce doit être la personne qui rend visite à la Signora Brandi."

"La Signora Brandi ?" répéta John. "Quel joli nom ! Qui est la Signora Brandi ?"

"C'est une Autrichienne", a déclaré Annunziata.

"Oh-?" dit Jean.

"Elle habite dans le pavillon au-delà de la tour de l'horloge", dit Annunziata.

" Je ne savais pas, " dit John, " que le pavillon au-delà de la tour de l'horloge était habité. Je ne savais pas qu'aucune partie de ce château était habitée, à l'exception de la loge du portier et de la partie que nous habitons. Pourquoi avons-nous J'ai été laissé jusqu'à présent dans cet état d'obscurité extérieure ?

"La Signora Brandi était absente", a déclaré Annunziata. "Elle était dans son propre pays, en Autriche. Mais l'autre jour, elle est revenue. Et avec elle est venue une personne pour lui rendre visite. C'est la personne dont vous avez vu la forme dans le jardin."

"Comment savez-vous que ce n'était pas la forme de la Signora Brandi elle-même ?" » dit John.

"Oh non", dit Annunziata. "La Signora Brandi n'est pas jeune. Elle est vieille. Elle est aussi vieille que..."

« Mathusalem ? Le péché ? Les collines ? suggéra John, Annunziata s'étant arrêtée pour réfléchir.

"Non", dit Annunziata, rejetant avec force la suggestion. "Personne n'est aussi vieux que Mathusalem. Elle est aussi vieille que... eh bien, mon oncle."

"Je vois," dit John. "Oui, tout cela est très mystérieux."

"Mystérieux?" dit Annunziata.

"Je devrais le penser", a-t-il affirmé. "Énigmatique, énigmatique, ésotérique au dernier degré. Pour commencer, comment la Signora Brandi, étant Autrichienne, peut-elle porter un nom si typiquement non autrichien ? Est-ce mystérieux ? Et ensuite, pourquoi une Signora Autrichienne Brandi oublie-t-elle jusqu'à présent ce qui est dû à sa nationalité pour vivre, non pas en Autriche, mais en Lombardie Et, comme si cela ne suffisait pas, au Château Sant ' Alessina ? pavillon au-delà de l'horloge ? Viens, viens ! Mystérieux !"

"Vous vivez en Lombardie, vous vivez vous-même au Castel Sant ' Alessina ", a déclaré Annunziata.

"Je ne le pense pas", a déclaré John. "On ne peut guère appeler cela avec précision vivre - c'est plutôt ce que les puristes appellent séjourner. Mais même s'il en était autrement, il y a toute la différence du monde entre mon cas et celui de la Signora Brandi. Je suis d'âge moyen et stupide, mais elle est aussi vieux que ton oncle. Ne vois-tu pas la signification mystérieuse de cette coïncidence ? Et je n'ai pas de jeune femme qui me rende visite. *Est* -ce un mystère, ma douce enfant, nous marchons parmi les mystères ? sont au centre d'un tourbillon de mystères. *Qui est la jeune femme ?* Et comment, réfléchissez bien, comment se fait-il que la jeune femme parle anglais, en effet ?

Il se leva et s'inclina avec cérémonie.

"Mais nous brûlons la lumière du jour. Je ne dois pas vous retenir plus longtemps. Laissez-moi imprimer sur votre main de velours un gage de ma haute estime."

Et prenant la frêle petite main blanche d'Annunziata, il se pencha pour la baiser ; et même si ses yeux bleus étaient pleins de rire, je pense que derrière ce rire il y avait beaucoup de véritable affection et d'admiration.

# IV

A mi-chemin de la longue allée droite d'ilex qui menait du château à l'entrée principale du jardin, Annunziata, dans son tablier gris pâle (qui ressemblait tellement à un péplum), avec ses cheveux flottant sur ses épaules, était recroquevillée dans le coin d'un banc de marbre, regardant avec une grande intensité une fleur blanche qui gisait sur ses genoux. C'était le moment le plus chaud et le plus paisible de l'après-midi. Le soleil brillait régulièrement ; pas une feuille ne bougeait, pas une ombre ne vacillait ; et le chant intermittent d'un merle, quelque part dans le monde vert au-dessus, semblait simplement donner une sorte de rythme joyeux au silence.

" Pitié sur moi ! Qui a jamais vu une si jeune jeune fille si profondément perdue dans ses pensées ! " s'exclama une voix.

Annunziata, sa rêverie ainsi perturbée, leva une paire d'yeux interrogateurs.

Une dame se tenait devant elle, lui souriant, une dame en robe de mousseline lilas , avec un parasol blanc.

Annunziata, qui, quand elle le voulait, pouvait être très rose en termes de politesse formelle, se leva, laissa tomber un geste de courtoisie et dit : " Buon giorno , Signorina .

" Bon giorno , répondit la dame souriante. Buon giorno — et un sou pour vos pensées. Mais je suis sûr que tu ne pourras jamais, jamais dire à quoi tu pensais si fort."

" Scusi ", a déclaré Annunziata. "J'essayais de penser au nom de cette fleur." Elle se baissa et ramassa la fleur qui avait glissé de ses genoux jusqu'au sol en se levant. Puis elle le tint à bout de bras, pour inspection.

"Oh?" demanda la dame en souriant à la fleur, comme elle avait souri à son propriétaire. "N'est-ce pas un narcisse ?"

"Oui", a déclaré Annunziata. "C'est un narcisse. Mais j'essayais de penser à son nom particulier."

La dame avait l'air de ne pas bien comprendre. "Son nom particulier ?"

"C'est un narcisse", expliqua Annunziata, "tout comme je suis une fille. Mais il doit aussi avoir son nom particulier, tout comme j'ai le mien. C'est une âme qui fait son purgatoire, une très bonne âme. Si vous êtes très bien, alors, quand tu meurs, tu fais ton purgatoire comme une fleur. Mais ce n'est pas un purgatoire si facile, oh non. Car regarde : la fleur est belle, mais elle est aveugle, elle ne voit pas et elle est parfumée ; , mais il ne peut pas sentir ; et les gens l'admirent et le louent, mais il est sourd et ne peut pas entendre. Il ne peut qu'attendre, attendre, attendre et penser à Dieu. Mais c'est un court purgatoire, et le. la fleur se fanera et l'âme sera libérée. Je pense que le nom de cette fleur est Cecilia, elle est si blanche.

Le sourire dans les yeux de la dame s'était éclairé à mesure qu'elle écoutait ; et maintenant elle eut un petit rire, un petit rire léger, musical , joyeux et amical.

"Oui," dit-elle. "Je me suis parfois demandé si les fleurs n'étaient pas le purgatoire des très bonnes âmes. Je suis heureuse d'apprendre de vous que c'est vrai. Et oui, je devrais penser que le nom de cette fleur était sûrement Cécile. Cécilia lui va à merveille. . Quel est *votre* nom particulier , si l'on peut vous le demander ? »

" Mariannunziata ", dit son porteur, pour ne pas faire deux bouchées de cerise.

Les yeux de la dame s'écarquillèrent. "Cher moi ! Un petit nom court comme ça ?" elle s'émerveillait .

"Non", répondit Annunziata avec dignité. "Mon nom au complet est plus long. Mon nom au complet est Giuliana Falconieri Maria Annunziata Casalone . N'est-ce pas assez long ?"

"Oui", a admis la dame, "c'est juste assez long." Et elle rit encore.

"Quel est *ton* nom?" demanda Annunziata.

"Je m'appelle Maria Dolores", répondit la dame. "Vous voyez, nous nous appelons toutes les deux Maria."

"Bien sûr", a déclaré Annunziata. "Tous les chrétiens devraient s'appeler Maria."

"Alors ils devraient le faire", approuva la dame. "Est-ce que tu dis parfois aux gens quel âge tu as ?"

"Oui", dit Annunziata, "s'ils veulent savoir. Pourquoi pas ?"

Le sourire dans les yeux de la dame brillait plus que jamais. "Pensez-vous qu'on pourrait vous persuader de me le dire ?"

"Avec plaisir", a déclaré Annunziata. "J'ai onze ans et cinq mois. Et toi ?"

"J'ai juste deux fois plus vieux. J'ai vingt-deux ans et dix mois. Alors, quand tu auras cinquante ans, quel âge aurai-je ?"

"Non", dit Annunziata en secouant la tête. " Ce tour a déjà été essayé avec moi. Mon ami Prospero l'a déjà essayé avec moi. Vous espérez que je dirai que vous aurez cent ans. Mais ce n'est pas le cas. Quand j'aurai cinquante ans, vous en aurez soixante et un. à soixante-deux heures.

Encore une fois, la dame rit, apparemment avec beaucoup d'amusement.

"Quel petit paquet de sagesse tu es!" s'exclama-t-elle.

"Oui. Mon ami Prospero dit aussi que je suis sage", répondit Annunziata. "J'aime te voir rire", mentionna-t-elle en regardant d'un œil critique le visage au-dessus d'elle. "Tu as de belles dents, elles sont si blanches et brillantes, si petites, et tes lèvres sont si rouges."

"Oh", dit la dame en riant plus joyeusement que jamais. "Alors vous devez être très amusant et je rirai beaucoup."

Toujours en regardant d'un œil critique le visage de la dame, "N'êtes-vous pas," demanda Annunziata, "la personne qui est venue rendre visite à la Signora Brandi ?"

« Signora Brandi ? La dame réfléchit. "Oui, je suppose que je dois l'être. En tout cas, je suis la personne qui est venue rendre visite à Frau Brandt."

" Frao Branta ? Nous l'appelons Signora Brandi ici, " dit Annunziata. " Êtes-vous apparenté à elle ?

"Non", dit la dame, qui semblait toujours encline à rire, bien qu'Annunziata n'ait aucune conscience d'être très divertissante. "Je n'ai aucun lien de parenté avec elle. Je ne suis que son amie."

"C'est une Autrichienne", a déclaré Annunziata. "Ce château appartient aux Autrichiens. Il était une fois, il y a très longtemps, avant ma naissance, tout ce pays appartenait aux Autrichiens. Êtes-vous aussi Autrichien ?"

"Oui." La dame hocha la tête. "Moi aussi, je suis Autrichien."

— Et pourtant, remarqua Annunziata, vous parlez italien comme moi.

"C'est très gentil de votre part de le dire", rit la dame.

"Non, c'est la vérité", a déclaré Annunziata.

"Mais n'est-il pas bon de dire la vérité ?" demanda la dame.

"Non", a déclaré Annunziata. "Ce n'est qu'un devoir." Et de nouveau elle secoua la tête, lentement, sombrement, avec un effet de mélancolie philosophique. "C'est très étrange et très dur", a-t-elle souligné. "Si vous ne faites pas ce qui est votre devoir, c'est mal et vous êtes puni. Mais si vous le faites , ce n'est pas bien, c'est seulement ce que vous devriez faire et vous n'êtes pas récompensé." Et elle reprenait son souffle dans le plus triste des petits soupirs tristes. Puis, masquant vivement sa gaieté : « Et en plus, tu parles anglais », dit-elle.

"Oh?" se demanda la dame. "Es-tu une voyante ? Comment sais-tu que je parle anglais ?"

"Mon ami Prospero me l'a dit", a déclaré Annunziata.

"Ton ami Prospero ?" répéta la dame. "Vous citez très souvent votre ami Prospero. Qui est votre ami Prospero ?"

"C'est un signore", dit Annunziata. "Il t'a vu, il a vu ta forme, dans le jardin et dans le bois d'olivier."

"Oh," dit la dame.

"Et je suppose qu'il a dû vous entendre parler anglais ", a ajouté Annunziata. "Il habite au presbytère."

"Et au fait, où habites- *tu* ?" demanda la dame.

"Je vis aussi au presbytère", a déclaré Annunziata. "Je suis la nièce du parroco . Je suis l'orpheline de son frère unique. Mon ami Prospero vit avec nous comme pensionnaire. Il est anglais."

"En effet?" dit la dame. "Prospero est un nom très étrange pour un Anglais."

"Prospero n'est pas son nom", a déclaré Annunziata. "Son nom est Gian . C'est l'anglais pour Giovanni."

"Mais alors pourquoi," perplexe la dame, "l'appelez-vous Prospero ?"

"Prospero est un nom que je lui ai donné", a expliqué Annunziata. " Un jour, j'ai prédit sa fortune. Je peux prédire l'avenir - avec des noyaux d'olives, avec des cartes à jouer ou à partir des lignes de la main. Je vous dirai la vôtre, si vous le souhaitez. Eh bien, un jour, j'ai dit à Prospero : et tout s'est si bien passé pour lui, que depuis lors je l'appelle Prospero. Il sera riche, bien qu'il soit pauvre ; et il épousera une femme noire, qui sera aussi riche et ils auront beaucoup, beaucoup d'enfants ; et vivre en paix jusqu'à la fin de leur vie. Annunziata s'écria soudain, d'excitation, en agitant la main qui tenait son narcisse. "Voilà mon ami Prospero qui arrive maintenant dans le concert."

Au bout de l'avenue, bien sûr, un cabriolet arrivait, un cabriolet assez vieux et assez miteux, tiré pourtant à une allure très convenable par un cheval d'allure très convenable, et conduit par John Blanchemain .

" *Ciao* , Prospéro ! " appelé Annunziata, en passant.

Et John ôta son chapeau, un Panama à la mode, s'inclina et sourit à elle et à la dame. Et un adepte de la lecture de la signification des sourires aurait pu lire trois ou quatre significations distinctes dans son sourire. Il semblait dire à Annunziata : « Ah, espèce de coquin ! Alors tu l'as déjà attaquée et tu as fait sa connaissance. A la dame : "Je vous félicite pour votre compagne. N'est-ce pas un petit singe divertissant ?" À lui-même : "Et je *vous félicite* , ma chère, d'être habillée et saine d'esprit, et d'avoir un chapeau approprié pour faire votre révérence." Et à l'univers en général " Par Jupiter, elle *est* belle. Debout là devant ce banc de marbre, dans la fraîche lumière verte, sous les grands ilex, avec sa robe lilas et son parasol blanc, et Annunziata toute en gris à côté d'elle. , quel sujet de tableau, si seulement il y avait des peintres qui savaient peindre !

"Il va à un dîner à Roccadoro ", dit Annunziata, tandis que le dos de John devenait de plus en plus petit au loin. " Vous avez vu, il avait une valise sous le siège ? Il va à un dîner de cérémonie, et il aura son costume de cérémonie dans la valise . Je me demande ce qu'il rapportera avec lui pour moi. Quand il ira à Roccadoro, il me rapporte toujours quelque chose. La dernière fois, c'était une boîte de cigares au chocolat, j'aimerais le voir dans son costume de cérémonie, n'est-ce pas ?

Mais la dame se contenta de rire. Et puis, prenant le menton d'Annunziata dans sa main, elle baissa les yeux dans ses grands yeux clairs et dit : « Je dois partir maintenant pour rejoindre Signora Brandi. Mais je ne peux pas partir sans vous dire combien je suis heureuse de vous avoir rencontré. et quel plaisir j'ai retiré de votre conversation. J'espère que nous nous reverrons souvent.

"Au revoir, Signorina ", dit Annunziata, redevenant formellement polie. "Je serai toujours à votre service." Et elle a laissé tomber une autre courtoisie. « Si vous venez me voir au presbytère, ajouta-t-elle avec hospitalité, je vous montrerai mon adorable enfant.

"Vous êtes tout ce qu'il y a de plus gentil", répondit la dame, et elle s'en alla en souriant vers le château.

Annunziata se recroquevilla dans son ancien coin du banc de marbre et parut retomber dans de profondes réflexions.

---

# V

Une curieuse petite lueur intérieure intime, un sentiment, quelque part au plus profond de sa conscience, d'exaltation et de bien-être, accompagna John jusqu'à Roccadoro , se mêlant et adoucissant toutes les pensées ou perceptions qui occupaient son attention immédiate. Il s'agissait d'un « état d'âme » qu'il connaissait depuis longtemps, et il n'avait aucune difficulté à en faire référence à sa cause. C'était l'éclat et l'exaltation qu'il avait le bonheur d'éprouver toujours lorsque son œil avait été nourri d'une nouvelle impression de beauté ; et il savait qu'il le devait aujourd'hui à l'aperçu qu'il avait eu, dans la lumière fraîche sous les ilex, d'une silhouette élancée en lilas et d'une petite silhouette en gris, à côté d'un vieux banc de marbre au teint doux, au milieu de la salle. un jardin italien ombragé, ensoleillé, brun et vert.

Le trajet jusqu'à Roccadoro depuis Sant'Alessina est un trajet agréable. La route suit en grande partie les détours du Rampio , de sorte que vous êtes rarement hors de vue de ses eaux luisantes, et sa bagarre, tantôt plus forte, tantôt moins forte, est perpétuellement dans vos oreilles. A droite et à gauche, le rose tendre des amandes en fleurs, avec parfois la flamme écarlate d'une grenade ; et puis les collines bleu-gris, recouvertes d'une sorte de drap d'or transparent, d'une gaze d'or, tissée de brumes et de soleil ; et puis, d'un blanc rosé, avec des ombres violet pâle, les cimes enneigées, taillées en camées sur l'azur brillant du ciel. Et parfois, bien sûr, on traverse un village, avec ses maisons en stuc jaune délabrées, tachées et décolorées , ses auvents de toile blanche éblouissante, son église et son campanile, et sa vie qui semble se dérouler entièrement dans la rue : des hommes en leurs manches de chemise, se prélassant, fumant, crachant (sinon la terre n'était pas l'Italie !), ou peut-être jouant aux cartes à une table sous le buisson sans feuilles du marchand de vin ; des femmes bavardant sur leurs travaux d'aiguille ou, rassemblées en nœuds sociables, peignant et attachant leurs cheveux noirs et lisses ; des enfants vautrés dans la terre bienveillante ; le prêtre, la barrette sur la tête, le nez en bréviaire, se précipitant lentement vers quelque mission sacerdotale et « accomplissant son office » ; et le chevrier immémorial, jambes nues, coiffé d'un chapeau en pain de sucre en lambeaux, suivi de son troupeau, avec leurs drôles de visages anxieux, soufflant sur sa flûte de Pan (accords aigus, en mode mineur et gamme plagale, une musique plus ancienne que Théocrite ), ou s'arrêtant, jalousement observé par les yeux avides du client italien, pour traire « *per due centesimi* » — disons, la valeur d'un sou — dans une cruche tendue et serrée. Parfois, les vergers d'amandiers cèdent la place à des vignes, ou à des champs de maïs, ou à des bosquets sombres de noyers, ou à des plantations de chênes broussailleux où des cochons noirs maigres butinent le délicieux gland. Parfois la vallée se rétrécit jusqu'à devenir un ravin, et les signes de culture disparaissent, et la voix du

Rampio s'enfle jusqu'à un rugissement, et on se rend compte, entre les collines qui s'élèvent sombres et presque abruptes à côté de nous, d'une grande solitude : une solitude qui est intensifié plutôt que diminué par la vue de quelque grange solitaire – infiniment solitaire – perchée très haut, à une hauteur qui semble hors de portée du monde. De quelle manière possible les êtres humains, vous demandez-vous, peuvent-ils y habiter, et quelle manière possible d'existence morne peuvent-ils mener ? Mais même dans les endroits les plus solitaires, vous êtes accueilli et poursuivi par un chœur de chants d'oiseaux. Les flancs des collines résonnent continuellement de chants d'oiseaux sur les sept milles, et continuellement, à cette saison, pendant vingt-quatre heures. Les merles, les grives, les têtes noires, les chardonnerets, les pinsons chantent depuis les premières lueurs de l'aube jusqu'à ce que la dernière trace du jour s'éteigne, puis les rossignols se mettent en route et continuent jusqu'à l'aube. Et partout l'air doux est aromatique avec un léger parfum de romarin, car le romarin pousse partout sous les arbres. Et partout, vous avez la pureté, l'éclat et la retenue des couleurs , ainsi que l'économie nette des lignes, qui donnent au paysage italien l'impression d'avoir été conçu par un artiste conscient.

Dans et à travers sa jouissance de tous ces plaisirs , John ressentait cette lueur agréable qu'il devait à son aperçu de la femme dans le jardin ; et quand enfin il arriva à l'hôtel Victoria, et, après s'être habillé, se trouva seul quelques instants avec lady Blanchemain , dans le salon sombre et frais où elle attendait ses invités, il s'empressa de lui faire savoir qu'il la partageait. propre opinion sur les charmes de la femme.

"Votre beauté *est décidément* une beauté", déclara-t-il. " J'aurais aimé que vous la voyiez comme je l'ai vue il y a une heure, avec un parasol blanc, sur fond d'ilex. C'est mille fois dommage que la peinture soit un art oublié. "

Mais Lady Blanchemain (magnifique en velours violet, avec des diamants autour du cou et dans les cheveux) ne semblait pas intéressée.

"Savez-vous," dit-elle, "j'ai commis hier l'une des erreurs les plus ridicules de ma vie. Depuis, elle me préoccupe. J'ai généralement des perceptions assez fiables, et c'est peut-être un symptôme de pouvoirs défaillants. Je Je me suis dit positivement que vous étiez un homme d'Eton et de Balliol. Jusqu'à ce que je sois à mi-chemin de chez moi, je n'avais jamais pensé qu'en tant que papiste, vous ne seriez rien de tel.

"Non", dit John; " J'ai bien peur d'être Edgbaston et Paris. La façon dont ses cheveux poussent bas sur son front, et descendent vers le haut et vers l'arrière dans une sorte de raz-de-marée, et se détachent en petites vrilles bouclées, c'est absolument lyrique. Et le sourire au fond de ses yeux, c'est exactement comme une musique silencieuse. Et sa bouche est un couplet d'amour, avec deux lèvres rouges pour rimes. Et son menton est un épithalame parfait. Et puis sa silhouette ! robe ! Oh ! c'est mille et mille dommage que la peinture soit un art oublié.

"Quoi, la même robe lilas ?" dit distraitement lady Blanchemain . "Pourtant, vous avez certainement la voix d'Eton", songea-t-elle. "Et si je ne vous fais pas le compliment douteux de dire que vous avez la manière Balliol, vous en avez au moins une sorte de souvenir subtilisé ."

"Je dois garder une garde sur moi", a déclaré John. "Elle rend visite à une Autrichienne qui habite dans une aile reculée du château, le pavillon au-delà de l'horloge, en fait, une Autrichienne au nom exaltant de Brandi."

"J'ai plutôt de la chance pour mon dîner de ce soir", dit lady Blanchemain . "J'ai Agnes Scope, la nièce du duc de Wexmouth . Elle est arrivée ici ce matin avec sa tante, Lady Louisa. Bien sûr, je vous mets à côté d'elle. Car, en plus d'être une fille extrêmement gentille et une héritière , c'est une ardente perverse du romanisme, enfin, un mot de sage.

"Oui, je la connais", dit John. "On ne s'entend pas du tout. Elle évolue sur un plan bien trop élevé pour un terrien comme moi. Elle est intellectuelle et sérieuse, et mon ignorance et ma légèreté l'ont blessée au vif. Elle finira, comme je l'ai fait. Je lui ai dit en face, en écrivant des livres, des romans sérieux, probablement, qu'elle éclairera de belles citations hors de propos de Browning et du cardinal Newman.

« Désolé », dit lady Blanchemain . "Tu es pervers."

"En plus," dit John, "elle est fiancée."

"Engagé-?" balbutia lady Blanchemain .

"Oui, à un homme intellectuel et sérieux, nommé Blake, Bernard Blake, petit-fils du célèbre Blake de Cambridge."

Lady Blanchemain le fixait avec des yeux sombres.

"Es-tu sûr?" a-t-elle plaidé.

"Je l'ai vu officiellement déclaré dans le *Morning Post* ", fut la réponse implacable de John.

"Quelle nuisance", dit Lady Blanchemain en s'éventant. Son éventail était en écaille de tortue ambrée, avec des plumes d'autruche blanches, et les extrémités des bâtons portaient son chiffre et sa couronne en or.

"Quel fan joyeux", a déclaré John.

"Eh bien, eh bien", dit lady Blanchemain en se réconciliant. Puis, après un instant de réflexion : « Alors tu es déjà abattu par sa beauté. Mais tu n'as pas encore découvert qui elle est ?

"Qui est qui ?" dit John en regardant la mer.

"Tut. Ne taquine pas. Ta femme au château."

"Ma femme au château semblait vous laisser froid", se plaignit-il. "Je suis arrivé plein d'elle et tu n'as pas voulu m'écouter."

"Alors tu es déjà amoureux d'elle ?" dit Madame Blanchemain .

"Non, pas encore", dit-il. "Pour l'instant, je ne fais que reconnaître en elle un matériau admirable pour un tableau, et je regrette qu'un tel matériau doive mendier faute de peintre. Mais à cette heure demain, qui peut le dire?"

"Avez-vous découvert qui elle est ?" demanda dame Blanchemain .
"Non, pas encore", dit-il. "Pour l'instant, je viens d'apprendre qu'elle rend visite à une signora autrichienne Brandi, qui vit (je ne sais pas pourquoi) dans le pavillon au-delà de l'horloge. Mais à cette heure demain!" Son geste en disait long sur les informations prospectives.
"Elle ressemblait à une gentille femme", réfléchit son ami.
"Pour le monde entier", dit-il.
"Pourtant, si elle est Autrichienne…" Elle fit une pause et réfléchit.
"Pourquoi ? Quelle est la difficulté ?" a-t-il dit.
"Pour savoir si elle est *née* ", dit dame Blanchemain . "Chez les Autrichiens, à moins d'être né, vous êtes impossible, vous n'êtes nulle part. Brandi n'a pas l'air née, n'est-ce pas ? Nous ne devons pas vous laisser tomber amoureux d'elle si elle n'est pas née."

"Brandi semble vraiment *pas* née", approuva John. "Et si les mêmes visites se ressemblent, la visiteuse de Signora Brandi ne sera probablement pas née aussi. Mais pour moi, cela ajouterait plutôt une attraction, à condition qu'elle soit *élevée* . Je ne suis pas autrichien. Je suis britannique et démocrate. Je le ressens. Mon destin, si jamais je dois devenir amoureux , est de devenir amoureux de la fille d'un meunier, d'un meunier en herbe, qui a donné des avantages à sa fille « Brèd , pas née : ou la Dame du Moulin ». — ce sera le titre de mon humble histoire de cœur. Si cette femme pouvait me prouver qu'elle était la fille d'un meunier, je ne suis pas sûr que je ne tomberais pas amoureux d'elle sur-le-champ. Je le saurai demain. À cette heure-là, je posséderai l'intégralité de son *dossier* . Cela pourrait vous intéresser d'apprendre que j'emploie un détective pour enquêter sur elle.

"Un détective ? Que veux-tu dire ?" dit lady Blanchemain .

"Une détective privée, une détective, que je vous présenterai la prochaine fois que vous viendrez à Sant'Alessina", a déclaré John .

"Qu'est-ce que tu veux dire ?" dit lady Blanchemain .

"Le petit détective le plus amusant, le plus adorable dépend", dit-il. "Les gens sont tous amoureux et riants chaque fois qu'ils la regardent. Elle extirpera ses secrets les plus intimes du cœur de mon sphinx."

"Quel plaisir pouvez-vous prendre à pratiquer sur une pauvre vieille femme qui, par une sorte de hasard, n'est pas votre grand-mère ?" dit-elle.

"Lady Louisa FitzStephen , Miss Scope", dit sa servante en ouvrant la porte.

# VI

Les rossignols le chantaient chez lui, et la lune l'éclairait, la lune liquide d'avril et d'Italie. En approchant du château, à travers le jardin de pourpre et d'argent, au milieu des mystérieuses et douces odeurs de la nuit, il leva un regard vague vers le pavillon au-delà de l'horloge. Il leva un vague regard, mais la seconde suivante, il n'était plus vague.

Là, sur un balcon bas, à moins de dix pieds au-dessus de lui, en plein clair de lune, se tenait une silhouette vêtue de blanc — toute en blanc, avec un foulard de dentelle blanche jeté sur ses cheveux noirs. Les rossignols chantaient et sanglotaient, la lune faisait pleuvoir son feu d'améthystine sur la terre, la terre dégageait ses mystérieuses douces odeurs nocturnes , et elle restait là, immobile, et respirait, regardait et écoutait.

Mais au bruit des roues dans l'avenue, elle se tourna légèrement et baissa les yeux. Son visage était clair, délicat et pur au clair de lune, et ses yeux brillaient d'un éclat sombre.

Elle se tourna et baissa les yeux, et ses yeux rencontrèrent ceux de John.

« Vu l'heure et le lieu, je me demande si je dois m'incliner », pensa-t-il.

Mais avant qu'il ait pu se décider, sa main avait automatiquement soulevé son chapeau.

Elle inclina la tête en signe de reconnaissance, et quelque chose changea doucement sur son visage.

"Elle a souri!" » dit-il en reprenant son souffle avec une sorte d'exaltation étonnée.

Ce doux changement sur son visage allait et venait et revenait dans tous ses rêves.

# TROISIÈME PARTIE

# je

"Bonjour, Prospero", dit Annunziata.

"Bonjour, bien éveillé", répondit John.

Il se trouvait dans la salle octogonale du *piano nobile* du château, où ses dames perdues d'autrefois lui souriaient depuis leur cadre. Il avait entendu un crépitement de pas sur le trottoir de la pièce au-delà ; et puis la petite silhouette grise, le visage blanc et les grands yeux graves d'Annunziata étaient apparus, une image de plus, dans la vaste porte sculptée et dorée.

"Je t'ai cherché partout", dit-elle plaintive.

"Pauvre chérie," la plaignit-il. "Et tu ne peux pas me trouver ?"

"Je ne pouvais pas", dit Annunziata, en insistant sur la tension. "Mais je t'ai trouvé *maintenant* ."

"Oh ? L'avez-vous fait ? Où ?" lui demanda-t- il .

" *Où ?* " s'écria-t -elle avec un mouvement dédaigneux. "Mais *ici* , bien sûr."

"Je ne serais pas trop sûr de ça", la prévint-il. " *Voici* un puissant oiseau évasif. Car, supposons que nous soyons ailleurs, alors *il* serait ici, et ici serait ailleurs."

"Non", dit Annunziata avec résolution. "Là où se trouve une personne, elle est toujours *là* ."

"Vous parlez comme si quelqu'un avait le sien ici avec lui, comme son chapeau", a déclaré John.

"Oui, c'est comme ça", dit Annunziata en hochant la tête.

"Vous avez une petite tête remarquablement solide, malgré toutes ses boucles, il n'y a pas de confusion", dit-il. "Eh bien, avez-vous votre rapport rédigé, signé, cacheté, prêté serment devant un commissaire aux serments, et prêt à être remis ?"

"Mon rapport-?" demanda Annunziata avec un regard.

"À propos du formulaire", a déclaré John. "Je t'ai pris hier en flagrant délit en train de le pomper."

"Oui", a déclaré Annunziata. "Elle s'appelle Maria Dolores."

"Un nom très convenable", dit-il.

"Elle est très gentille", a déclaré Annunziata.

"Elle a l'air très jolie", dit-il.

"Elle a vingt-deux ans et dix mois", poursuit son informateur.

"Fantastique. Aussi d'âge moyen que ça", commenta-t-il.

"Oui. Elle est autrichienne."

"Ah."

"Et comme je vous l'ai dit, elle rend visite à la Signora Brandi. Seulement, elle l'appelle Frao Branta ."

" Frao Branta ? » John tourna le nom sur sa langue. « Branta ? Branta ? » Quel nom allemand familier, au fond de sa mémoire, évoquait-il à moitié ? Soudain, il eut un éclair. « Pouvez-vous parler de Frau Brandt ?

Annunziata fit un geste d'affirmation.

"Oui, c'est ça", dit-elle. "Tu parles comme elle!"

"Je vois," dit John. "Et Brandt, s'il y a des degrés de non-naissance , est encore plus furieusement à naître que Brandi."

"À naître—?" dit Annunziata en fronçant les sourcils.

"Pas noble, pas de l'aristocratie", expliqua John.

"Très peu de gens sont nobles", a déclaré Annunziata.

"Raison de plus, alors, pour laquelle vous et moi devrions être reconnaissants de le faire", dit-il.

"Vous et moi?" reprit-elle en haussant ses petites épaules grises. " *Machè !* Nous ne sommes pas nobles. "

"N'est-ce pas ? Comment le sais-tu ?" demanda John. "Quoi qu'il en soit", a-t-il moralisé de manière impressionnante, "nous pouvons essayer de l'être."

"Non", dit-elle avec fermeté et fatalisme. " Cela ne sert à rien d'essayer. Soit vous êtes noble, soit simple, — Dieu vous fait tel, — vous n'y pouvez rien. Si j'étais noble, je serais une contessina . Si vous étiez noble, vous seriez une gransignore .

« Et mon apparence modeste vous assure que ce n'est pas le cas ? dit-il en souriant.

"Si tu étais un grand-ignorant ", lui dit-elle, "tu ne serais jamais aussi ami avec moi, tu serais trop fier."

John a ri.

" Vous jugez les gens d'après la compagnie qu'ils fréquentent. Eh bien, j'appliquerai le même principe de jugement à vos commérages, Maria

Dolores. À propos, " il s'interrompit pour demander, " quel est son nom païen ? "

"Son nom païen ? Qu'est-ce que c'est ?" demanda Annunziata.

"Maria Dolores, je suppose, est son prénom, prononcé lors du saint baptême", a déclaré John. "Mais je suppose qu'elle aura un nom païen, venu du chemin de la chair, pour le compléter, tout comme, par exemple, une de mes flammes, dont l'image, quand je mourrai, ils le feront. trouvé gravé dans mon cœur, porte le nom païen de Casalone .

Annunziata leva les yeux, surprise. " Casalone ? C'est mon nom ", dit-elle.

"Oui," dit John. "Votre image sera à vous."

Annunziata lui lança un coup de tête. "Maria Dolores ne m'a pas dit son nom païen", a-t-elle déclaré.

« En tout cas, dit-il, à en juger par la compagnie qu'elle fréquente, nous pouvons la classer sans risque comme à naître. Elle est probablement la fille d'un meunier, — d'un meunier (à en juger aussi un peu par les robes qu'elle porte). ) dans des affaires assez importantes, qui (à en juger finalement par sa voix cultivée, sa connaissance des langues et son air généralement distingué) n'a épargné aucune dépense en matière d'éducation. Je ne devrais pas me demander du tout si elle. je pourrais même jouer du piano.

"Non", approuva Annunziata, "c'est très probable. Mais pourquoi" (elle releva son petit profil inquisiteur) "pourquoi pensez-vous qu'elle est la fille d'un meunier ?"

"Miller," dit John, "j'utilise comme terme générique. Son père peut être un lexicographe ou un saleur à sec, un concepteur de ballons dirigeables ou un fabricant de pompes à air; il peut même être une personne indépendante, qui vit dans une grande villa neuve en stuc dans la banlieue de Vienne et consacre ses loisirs à la propagation des orchidées : et pourtant meunier, j'entends par meunier un membre de la bourgeoisie : un homme qui, bien qu'il soit. aisé, bien instruit, bien élevé, ne porte pas d'armure , et doit donc être considéré par ceux qui le portent le nez en l'air, surtout en Autriche. Parmi les Autrichiens, à moins que vous ne portiez d'armure , vous . C'est impossible, tu n'es nulle part. Il ne faut pas te laisser tomber amoureux d'elle si elle ne porte pas d' armure .

Les yeux d'Annunziata, pendant cette divagation, s'étaient promenés vers la fenêtre, la haute fenêtre avec vue sur le jardin en terrasses, où fleurissaient les mimosas et chantaient les têtes noires . Maintenant, elle les tourna lentement vers John, et il vit à leur expression qu'elle arrivait enfin à ce qui pour elle (comme il l'avait toujours su) était la véritable préoccupation du moment. Ils étaient extrêmement sérieux, extrêmement préoccupés, et en même temps, dans leurs plus profonds recoins, on ressentait une sorte de timidité palpitante, comme si *je n'osais pas* m'accrocher à *je le ferais* .

"Dis-moi", commença-t-elle sur une note grave, une note profonde et câline... Alors *je n'osai pas* prendre le dessus, et elle se retint... Alors *je* priss son courage à deux mains, et elle plongea . . "Qu'est-ce que tu m'as apporté de Roccadoro ?" Et après un regard de supplication à moitié timide et passionnée, elle baissa les yeux et resta devant lui en suspens, comme celle qui attend la parole du destin.

blondeur radieuse » de John , sa barbe jaune, son visage rose et ses yeux bleu marine, s'éclairaient, plus radieux encore, d'un rire sous-cutané.

"Les magasins étaient fermés", a-t-il déclaré. "Je suis arrivé après l'heure de fermeture."

Mais quelque chose dans son ton rendait cette sombre annonce inutile. Annunziata inspira longuement et releva la tête. « Vous m'avez quand même apporté quelque chose », déclara-t-elle avec conviction ; et avec impatience, les yeux brillants, "Qu'est-ce qu'il y a ? Qu'est-ce qu'il y a ?" elle le suppliait.

John a ri. "Vous avez tout à fait raison", dit-il. "Si l'on ne peut pas acheter, mendier ou emprunter, dans ce monde, on peut généralement voler."

Annunziata s'éloigna, le regarda avec méfiance. "Oh, non, tu ne voleras jamais", protesta-t-elle.

"Je n'en suis pas si sûr, pour celui que j'aimais", dit-il. " Qu'aurais-tu aimé que je t'apporte ? "

pensa Annunziata. "J'ai aimé ces cigares au chocolat", dit-elle, son visage doux avec une réminiscence de plaisir.

"Ah, mais il ne faut pas l'avoir *toujours perdrix* , dit John. Est-ce que, par hasard, vous aimeriez Marchpane ?

— Marchpane ?... je l'adore, répondit-elle avec émotion.

"Vous avez vos faiblesses humaines, après tout," rit John. "Eh bien, j'ai volé une poche de marchpane ."

Annunziata s'éloigna de nouveau, son petit front blanc plissé. "A volé?" répéta-t-elle, réticente à y croire.

"Oui", dit-il effrontément en hochant la tête.

"Oh, c'était vraiment mal", dit Annunziata en secouant tristement la sienne.

"Non", dit-il. " Parce que, d'abord, c'est une question de sagesse proverbiale qui a volé le plus doux de la marchepane . Et ensuite, je l'ai volé tout à fait ouvertement, sous les yeux de la personne à qui elle appartenait, et elle n'a fait aucun effort pour la défendre. Voyant cela , j'allai même jusqu'à lui expliquer *pourquoi je le* volais . « Il y a un jeune espiègle à Sant'Alessina , expliquai-je, qui me fait régulièrement chanter. Je vole ça pour elle. Et puis la dame à qui je volais m'a dit que je pourrais voler autant que je le pensais ."

"Oh-hh", dit Annunziata, un long *Oh* de soulagement. "Alors tu ne l'as pas volé, c'est elle qui te l' *a donné* ."

"Eh bien," dit John, "si une casuistique comme celle-là peut apaiser votre conscience – si vous sentez que vous pouvez la recevoir consciencieusement…" Et il laissa son inflexion terminer la phrase.

"Donnez-le-moi", dit Annunziata en tendant les mains et en dansant de haut en bas de joie et d'impatience.

" Nenni-dà ", dit John. "Pas avant le dîner. Je ne participerai pas à la perte d'un appétit sain, jeune et sain."

La douleur s'inscrivait sur le front d'Annunziata. "Oh," s'affligea-t-elle, "dois-je attendre après le dîner ?"

"Oui," dit John.

Elle a lutté pour trouver un répit. "Est-ce que ce serait mal de ma part," demanda-t-elle, "si je mendiais juste un *peu* maintenant ?"

"Oui", dit John, "mauvais et inutile. Vous me trouveriez aussi inflexible qu'inflexible."

"Ah, eh bien," soupira Annunziata, un soupir profond et tremblant. "Alors j'attendrai."

Et, en véritable philosophe, elle commença à occuper son esprit avec un nouvel intérêt. Elle regarda autour de la pièce, elle regarda par la fenêtre. "Pourquoi restes-tu ici ? C'est beaucoup plus agréable dans le jardin", remarqua-t-elle.

"Je suis venu ici pour chercher du réconfort. Aujourd'hui a commencé pour moi par une mésaventure tragique", répondit John.

Les yeux d'Annunziata s'écarquillèrent, pleins de compassion pour lui et, en même temps, révélant une vive curiosité.

"Pauvre Prospero," murmura-t-elle doucement. "Qu'est-ce que c'était?" sur la pointe des pieds, demanda-t-elle.

" Eh bien, dit-il, quand je me levai pour aller nager le matin, je fis une toilette élaborée, parce que j'espérais rencontrer une certaine personne que, pour des raisons liées à ma dignité, je voulais impressionner. Mais c'était le travail d'amour perdu. Cette certaine personne est un ornement du sexe incertain, et je ne suis pas venue. Alors, pour me consoler, je suis venue ici.

Annunziata regarda de nouveau autour de la pièce. " Qu'y a-t-il ici qui puisse vous consoler ? "

"Ceux-ci", dit John. Sa main balaya les murs représentés.

"Les peintures?" dit-elle en suivant son geste. "Comment peuvent-ils vous consoler ?"

« Elles sont si bien peintes », dit-il en étudiant avec tendresse les toiles aux couleurs douces. "En plus, ces dames sont mortes. J'aime les dames mortes."

Annunziata regarda les images d'un œil critique, puis lui lança un regard solennel. "Ils sont très jolis, mais ils ne sont pas morts", prononça-t-elle de sa voix la plus grave.

"Pas mort?" répéta John, étonné. "N'est-ce pas ?"

"Non", dit-elle en secouant lentement la tête.

"Cher moi", dit-il. "Et, quand ils sont seuls ici et que personne ne les regarde, pensez-vous qu'ils descendent de leur cadre et dansent ? Cela doit être un spectacle qui vaut le détour."

"Non", a déclaré Annunziata. "Ce ne sont que leurs photos. Elles ne peuvent pas descendre de leurs cadres. Mais les dames elles-mêmes ne sont pas mortes. Certaines d'entre elles sont peut-être encore au Purgatoire. Nous devrions prier pour elles." Elle fit, entre parenthèses, un pieux signe de croix. "Certains sont peut-être déjà au Ciel. Nous devrions demander leurs prières. Et d'autres sont peut-être en Enfer", poursuivit-elle, théologienne inexorable qu'elle était. "Mais aucun d'eux n'est mort. Personne n'est mort. Être mort n'existe pas."

"Mais alors", perplexe John, "qu'est-ce que les gens veulent dire quand ils parlent de la Mort ?"

"Je vais vous le dire", dit Annunziata, les yeux lourds de réflexion. "Écoute, et je te le dirai." Elle s'assit sur le grand pouf rond et leva son visage vers le sien. "As-tu déjà assisté à une pantomime ?" elle a demandé.

"Oui," dit John, se demandant ce qui pourrait bien arriver.

"Avez-vous assisté à la pantomime," continua-t-elle avec sérieux, "quand il y a eu ce qu'on appelle une scène de transformation ?"

"Oui," dit John.

"Eh bien," dit-elle, "l'hiver dernier, j'ai été emmenée à la pantomime à Bergame, et j'ai vu une scène de transformation. Vous me demandez, qu'est-ce que la Mort ? C'est exactement comme une scène de transformation. A la pantomime, la scène était tout comme le monde. Il y avait des arbres, des maisons et des gens, des gens ordinaires, comme n'importe qui. Puis, tout à coup, c'était merveilleux. Les arbres avaient des feuilles d'or et d'argent, et les maisons étaient comme ça. des palais de fées, et il y avait des lumières étranges, rouges et bleues, et il y avait de grandes guirlandes des plus belles fleurs, et les gens étaient comme des anges, avec des pierres précieuses et des vêtements brillants. Eh bien, vous comprenez, au début nous n'avions vu qu'un côté. de la scène ; — puis clic ! tout a été retourné, et nous avons vu l'autre côté. C'est comme la vie et la mort. Toujours, tant que nous sommes vivants, nous ne pouvons voir qu'un côté des choses. le dessous . Jamais, tant que nous sommes en vie, nous ne pouvons jamais, jamais le voir. Mais quand nous mourons, c'est une scène de transformation. Tout est retourné et on voit l'autre côté. Oh, ce sera très différent, ce sera merveilleux. C'est ce qu'on appelle la Mort. »

Ce fut au tour de John d'être grave. Il lui fallut un certain temps avant de parler. Il la regardait avec une sorte de rire grave dans les yeux, admiratif, réfléchissant. Que pouvait-il dire ? ... Ce qu'il a finalement dit, c'est simplement : "Merci, ma chère."

Annunziata sursauta.

"Oh, viens," insista-t-elle. " Allons dans le jardin. C'est tellement plus agréable là-bas qu'ici. Il y a beaucoup de hannetons. D'ailleurs," tendit-elle comme une incitation supplémentaire, "nous pourrions rencontrer Maria Dolorès."

"Non," dit John. "Même si les hannetons sont une tentation, je m'arrêterai ici. Mais allez au jardin, bien sûr. Et si vous rencontrez Maria Dolores, dites-lui ce que vous venez de me dire. Je pense qu'elle aimerait l'entendre. "

"Très bien", consentit Annunziata en se dirigeant vers la porte. "Je te verrai au dîner. Tu n'oublieras pas la marche ?"

# II

John était dans un état d'esprit qui le rendait perplexe et plutôt ennuyé. Jusqu'à avant-hier, son détachement ici à Sant'Alessina de la société humaine ordinaire, l'absence de personnes plus ou moins de son espèce, avaient été un des éléments de sa situation dont il s'était positivement, consciemment, réjoui. avait été une partie appréciable de ce qu'il avait résumé à Lady Blanchemain comme « l'ensemble béni ». Il avait son château, ses tableaux, son jardin, il avait les collines et la vallée, les oiseaux, les fleurs, les nuages, le soleil, il avait le Rampio , il avait Annunziata, il avait même l'oncle d'Annunziata ; et avec tout cela, il avait le sentiment d'être sorti d'un monde qu'il connaissait par cœur, qu'il connaissait jusqu'à satiété, un monde fade, étouffant et usé, avec ses dorures déteintes et ses couleurs ternies, dans un monde où tout était frais, inconnu et plein de saveurs , un grand monde bleu et vert frais qui, de minute en minute, ouvrait de nouvelles perspectives, faisait de nouvelles promesses, apportait de nouvelles surprises. Et ce sens, d'une manière étrange, incluait le Temps aussi bien que l'espace. C'était comme s'il était entré dans une nouvelle région du Temps, comme s'il s'était échappé du courant mouvant du Temps pour entrer dans un moment stationnaire. Seul ici, là où les choses et les pensées modernes n'avaient jamais pénétré, seul avec la terre et le ciel, le château médiéval , les dames mortes, avec l'Annunziata, et le parroco , et les messes et les bénédictions du parroco , aujourd'hui, il se plairait. en imaginant, cela pourrait être un hier d'il y a longtemps qui avait d'une manière ou d'une autre disparu du calendrier et était resté, un fragment du passé qui avait été oublié et laissé de côté. La présence d'une personne de son espèce, d'un concitoyen de son époque, portant ses vêtements, prononçant son discours, aurait brisé le charme, aurait semblé aussi indésirable et aussi inappropriée que l'introduction d'une prairie anglaise dans le paysage italien. paysage.

Pourtant, maintenant une telle personne était arrivée, et voici, sa présence, loin de briser le charme, se confondait avec lui et l'intensifiait, fournissant en effet le seul trait nécessaire pour le perfectionner. Une personne à part entière ? L'expression est commode. Un concitoyen, certes, de son époque, portant ses vêtements, prononçant son discours. Mais une personne, heureusement, non de son sexe, une femme, une belle femme ; et ce que sa présence apportait à la poésie de Sant'Alessina , la rendant complète, c'était, si l'on veut, l'Éternel Féminin. Comme le fournissaient déjà les femmes peintes sur les murs autour de lui, cette force avait été statique ; tel que fourni par une femme qui vivait et respirait, il est devenu dynamique. Tout cela était très bien ; s'il avait pu en rester là, s'il avait pu confiner son intérêt pour elle, ses sentiments à son égard au plan de la pure esthétique , il n'aurait eu rien à se plaindre. Mais le problème, c'est qu'il ne le pouvait pas. Ce qui le rendait perplexe et ennuyait, — et l'humiliait aussi, dans une certaine mesure, — était un besoin apparu du jour au lendemain, et qui était maintenant fort et constant, d'entrer en contact personnel avec elle, de faire sa connaissance. , pour parler avec elle; pour découvrir un peu quelle sorte d'âme elle avait, pour établir une sorte de relation humaine avec elle. Ce n'était pas encore une envie sentimentale ; ou, si c'était le cas, John, en tout cas, ne le savait pas. Au fond, ce n'était peut-être guère plus que de la curiosité. Mais c'était inquiétant, bouleversant, cela détruisait la paix et les loisirs harmonieux de sa journée. Cela le rendait perplexe, cela sortait de ses habitudes, c'était déraisonnable. "Il n'est pas déraisonnable de penser que cela pourrait être amusant de parler à une jolie femme", a-t-il discriminé, "mais il est déraisonnable d'aspirer à lui parler comme si votre vie était en jeu." Et dans une certaine mesure aussi, cela l'humiliait : c'était un aveu de faiblesse, d'insuffisance envers lui-même, de dépendance pour son contentement envers autrui. Il essaya de l'étouffer ; il essayait de fixer son esprit sur des sujets qui l'en éloigneraient. Tout sujet, tous les sujets, les sujets les plus divergents, semblaient posséder une propriété commune, celle d'y ramener directement. Puis il dit : « Eh bien, si vous ne pouvez pas l'étouffer, cédez-y. Descendez dans le jardin, traquez-la, engagez hardiment la conversation. L'assurance était la note de l'homme ; mais lorsqu'il se représentait en train de « lui engager hardiment la conversation », son assurance s'envolait et il éprouvait une timidité trois fois humiliante. Pourquoi? Qu'y *avait-* il chez cette femme qui pouvait rendre timide un homme courageux ?

Pourtant, les stars travaillaient pour lui. Cet après-midi-là, revenant d'une promenade au milieu des oliviers, il la rencontra face à face à la porte du jardin où elle était arrivée du côté du village. Après avoir fait sa révérence, qu'elle accepta en souriant, il ne put faire moins que lui ouvrir la porte ; et comme leurs chemins devaient ensuite se rejoindre, le long de la longue avenue ombragée menant au château, ce serait une affectation gênante de ne pas parler. Et pourtant (il grinça des dents d'avoir dû l'admettre) son cœur s'était mis à battre si violemment (non pas par émotion, se dit-il, mais par une sorte d'excitation nerveuse tout simplement ridicule : qu'y *avait-* il chez cette femme qui devait exciter) un homme sensé comme ça ?), il avait peur de se fier à sa voix, de peur qu'elle ne vacille et ne le trahisse. Mais heureusement, ces battements de cœur ne duraient que quelques secondes. Le court travail d'ouvrir la porte, puis de la refermer, lui donna le temps de passer. De sorte que maintenant, tandis qu'ils s'avançaient vers la maison, il pouvait la regarder dans les yeux et constater avec émotion que c'était une belle journée.

Elle avait accepté son salut avec un sourire aimable et sans gêne ; et à cela, de la manière la plus dégagée, souriant à nouveau, - peut-être avec juste la plus légère, la plus douce nuance d'ironie, et avec juste le moindre tremblement ascendant des sourcils: "N'est-ce pas une journée plutôt typique de la terre et de la saison ? » elle a demandé.

C'était la première étape qui avait un coût. L'assurance de John revenait rapidement. Son propre air de parfaite aisance dans les circonstances l'accéléra très probablement. "Oui," lui répondit-il. "Mais ce n'est sûrement pas une raison pour lui reprocher un mot d'éloge ?"

Il eut par là le bonheur de provoquer un rire, un petit trille léger et gai, soudain et bref comme trois notes sur une flûte.

"Non", a-t-elle admis. "Vous avez raison. Cette journée mérite le meilleur que nous puissions en dire."

"Sa voix", pensa John, profitant d'une phrase qui l'avait frappé dans un livre qu'il avait lu récemment, " sa voix est comme de l'ivoire et du velours blanc." Et la touche, jamais aussi légère, d'un accent étranger avec lequel elle parlait, rendait son anglais piquant et joli, donnait à chaque syllabe un petit contour net et net. Ils déambulèrent une minute ou deux en silence, avec la moitié de la largeur de la chaussée qui les séparait, la chaussée ombragée, où la terre paraissait violette à travers un mince voile vert de mousse, et où des rayons irréguliers de soleil, ici et là, le violet et le vert sont devenus rouges et dorés. L'air chaud, tissé de parfums de jardin, pendait autour d'eux, palpable, comme une étoffe infiniment subtile . Et bien sûr, les merles criaient, les casquettes noires et les grives chantaient dans toutes les galeries feuillues au-dessus. Une belle journée en effet, songea John, et en effet digne du meilleur de ce qu'ils pouvaient dire. Sa nervosité, son excitation l'avaient complètement quitté, son assurance était complètement revenue ; et avec cela était venu une curieuse profonde satisfaction, le sentiment que pour le moment en tout cas le monde ne laissait rien à désirer, que la coupe de son désir était pleine. Il n'avait même pas envie, maintenant qu'il pouvait le faire, de lui parler. Il suffisait de marcher avec elle, de profiter de sa compagnie en silence. Oui, c'était ça : la compagnie. Il saisit le mot. "C'est ce dont j'avais inconsciemment besoin depuis le début. Je me flattais de me prélasser en l'absence même de cela. Mais l'homme est un animal grégaire, et j'ai été trompé." Il pouvait donc attribuer l'effet de sa proximité au simple instinct grégaire, sans se douter qu'un instinct plus puissant était déjà éveillé. Quoi qu'il en soit, le sentiment de cette proximité, la conscience d'elle se déplaçant gracieusement à côté de lui dans le doux temps, tandis que ses vêtements d'été flottaient et qu'un parfum étrange, faible et insaisissable s'en dégageait, le remplissait d'une satisfaction qui, pour l'instant, le moment semblait ultime. Il n'avait aucune envie de parler. Leur progression côte à côte était une conversation sans paroles. Ils apprenaient à se connaître, ils brisaient la glace. Chaque pas qu'ils faisaient était aussi bon qu'une phrase prononcée, était une expérience mutuelle, les rapprochant, les aidant à se comprendre. Ils marchaient lentement, comme par un accord tacite.

Le silence, cependant, ne pouvait pas, par nature, durer éternellement . C'est elle qui l'a cassé.

"Je vous dois", dit-elle de sa voix d'ivoire, avec son énonciation nette, "une dette de remerciement". Et encore une fois, elle souriait en regardant vers lui, ses yeux sombres brillants , ses cheveux noirs richement tombants, à l'ombre d'un grand chapeau de paille lie de vin .

Les yeux de John étaient perdus. "Oh-?" se demanda-t-il.

"Pour un plaisir que m'a fait notre amie Annunziata", expliqua-t-elle. "Ce matin, elle m'a raconté une parabole des plus intéressantes sur la Mort. Et elle a mentionné que c'était vous qui lui aviez suggéré de me la raconter."

"Oh," dit John en riant, tandis que le rose de sa peau devenait plus foncé. " Elle en a parlé, n'est-ce pas ? Je suis contente si vous ne sentez pas que j'ai pris beaucoup sur moi. Mais elle venait de me raconter la même parabole, et il me semblait dommage qu'elle n'ait pas une plus grande portée. " public."

Puis, après quelques pas repris en silence : « Quelle merveilleuse petite personne elle est, Annunziata ! dit Maria Dolorès.

"Elle est à merveille le produit idéal de son milieu", a déclaré John.

Maria Dolores ne parlait pas, mais ses yeux demandaient : "Oui ? Que veux-tu dire ?"

"Je veux dire qu'elle est une vraie enfant du presbytère," répondit-il, "et en même temps une vraie enfant de cette Italie, où le paganisme n'est jamais complètement mort. Elle a été soigneusement instruite dans son catéchisme, et elle s'est nourrie de légendes pieuses, elle a respiré une atmosphère ecclésiastique, jusqu'à ce que les choses de l'Église soient devenues une partie de son os même, elle voit tout par rapport à elles, traduit tout en fonction d'elles. Mais en même temps, d'étranges traces de paganisme subsistent. en elle. Ils survivent un peu, n'est-ce pas ? chez tous les Italiens. Partout où elle va, son œil lit des présages pour vous. Les bois sont peuplés pour elle de faunes et de dryades. elle se promène à l'étranger, je n'en doute pas, elle aperçoit Protée s'élevant du lac et entend le vieux Triton souffler dans sa corne torsadée.

Maria Dolores avait l'air intéressée.

"Oui," dit-elle lentement, pensivement, et médita pendant un intervalle. Enfin : « Vous savez, reprit-elle, c'est une sorte de petite personne dont on ne peut s'empêcher d'avoir un peu peur. Et ses yeux se tournèrent vers les siens en quête de compréhension sympathique.

Mais les siens étaient interrogatifs. "Non ? Pourquoi devrait-on avoir peur d'elle ?"

" Oh, " dit Maria Dolorès avec un mouvement, " ce n'est pas vraiment facile de dire pourquoi. Les craintes sont vagues. Mais... eh bien, d'abord, elle pense tellement à la mort. La mort et ce qui vient après... ils l'intéressent tellement. Cela ne semble pas naturel, cela inquiète. Et puis elle est si délicate. Parfois, elle est presque transparente. Elle utilise trop son esprit, et son corps aussi. Elle devrait avoir plus de la gaieté de l' enfance, elle devrait avoir d'autres enfants avec qui s'ébattre. Elle ressemble trop à un esprit désincarné.

John, pendant qu'elle parlait, fronça les sourcils, réfléchissant. Quand elle eut fini, son froncement de sourcils s'éclaircit et il secoua la tête.

"Je ne pense pas que ce soit nécessaire", a-t-il déclaré. "Sa délicatesse, sa fragilité ne m'ont jamais semblé indiquer une faiblesse, elles semblent simplement les accompagnements physiques propres à sa petite âme cristalline, elle est faite d'une argile fine et délicate. Elle pense à la Mort, c'est vrai, mais non. d'une manière morbide, et cela fait partie de sa tradition ecclésiastique ; et elle pense tout autant à la vie, elle pense à tout, je suis d'accord avec toi, c'est dommage qu'elle n'ait pas d'autres enfants. Mais elle n'est pas là. tout moyen déficient dans les instincts de l'enfance. Elle peut déguster un cigare au chocolat, par exemple, aussi bien qu'un autre et quant au marchepane , j'ai sa propre parole qu'elle l'adore.

Maria Dolores émit un autre léger rire.

"Oui, je connais sa passion pour le pane . Elle me l'a confié ce matin. Et comme, en réponse à ses questions, j'ai avoué que je l'aimais plutôt moi-même, elle m'a très généreusement proposé de m'en apporter cet après-midi, - ce qu'elle a fait, bien sûr, il y a une heure.

Elle rit encore, et John rit aussi.

"Tout de même", insista-t-elle, "je ne peux m'empêcher de ressentir un malaise à son sujet. Parfois, quand je la regarde, je vois presque ses ailes. Quel sera son avenir, si elle grandit ? On préférerait Je ne pense pas qu'elle soit mariée à un pauvre Italien et qu'elle doive se livrer au genre d'existence prosaïque que cela signifierait.

"Le genre d'existence sordide", ajouta John. "Non, on préférerait décidément ne pas le faire. Mais elle ne se mariera jamais. Elle entrera en religion. Son oncle a tout prévu. Il la destine aux Servites ."

"Oh ? Les Servites , les Mantellés ? J'en suis heureuse", s'exclama Maria Dolorès. "C'est un très bel ordre. Ils ont une dévotion particulière à Notre-Dame des Douleurs."

"Oui", dit John, et il se souvint que c'était pour Notre-Dame des Douleurs que celle qui parlait portait le nom.

Si lente que leur marche ait été, ils étaient arrivés au bout de l'avenue et se trouvaient dans la large cour circulaire devant le château. Ils s'arrêtèrent ici et regardèrent le jardin, avec ses cyprès sombres et ses parterres de géraniums clairs, jusqu'à la vallée, sombre et lumineuse dans une brume d'or. De gros nuages lourds, aux formes fantastiques, d'un blanc perle avec des ombres gris perle, s'empilaient sur le bleu foncé scintillant du ciel. Entre et dehors parmi les rosiers voisins, là où le soleil était le plus chaud, volaient lourdement, avec un fort bourdonnement , les hannetons promis par Annunziata, gros, maladroits, maladroits, le mépris de leurs ailes légères et pragmatiques. concurrents, les abeilles. Les lézards gisaient immobiles comme des lézards moulés dans le bronze, seules leurs petites têtes d'épingles scintillantes et vigilantes donnaient signe de vie. Et bien sûr, les bonnets noirs ne cessaient pas un seul instant de chanter.

Ils restèrent côte à côte, à un mètre l'un de l'autre, contemplant silencieusement ces choses, pendant je ne sais combien de secondes longues et, pour John, délicieuses. Oui, il en était propriétaire ; c'était délicieux de la sentir debout à côté de lui, en communion silencieuse avec lui, contemplant les mêmes choses, jouissant des mêmes douceurs . La compagnie – la compagnie : c'était ce dont il avait inconsciemment besoin depuis le début ! ... Enfin, elle se tourna et, retirant longuement ses yeux du paysage, le regarda avec un sourire. Elle ne parlait pas, mais son sourire disait, aussi explicitement que ses lèvres auraient pu le faire : « Quelle scène de beauté !

Et John répondit à haute voix, avec ferveur : « En effet, effectivement c'est le cas. »

"Et tellement romantique", a-t-elle ajouté. "C'est comme une scène d'une vieille romance musicale."

"La scène la plus romantique que je connaisse", dit-il. "Toute ma vie, je l'ai pensé."

"Oh?" dit-elle, l'air surprise. « L'avez-vous su toute votre vie ?

"Eh bien, presque", dit-il avec un demi-rire. "Je l'ai vu pour la première fois quand j'avais dix ans. Puis, pendant de longues années, je l'ai perdu et je ne l'ai retrouvé, par accident, qu'il y a un mois."

Son visage montrait son intérêt. "Oh ? Comment c'était ? Comment est-ce arrivé ?"

"Quand j'avais dix ans", raconta John en riant à nouveau, "je voyageais avec mon père et, parmi les nombreux endroits que nous avons visités, l'un d'entre eux me semblait être une véritable vision de romance devenue réalité. Un vaste et majestueux château, dans un jardin, dans une vallée, avec des salles et des chambres splendides, et d'innombrables et belles photos de femmes. Toute ma vie, je m'en suis souvenu, j'en ai rêvé, j'avais envie de le revoir, mais je n'avais aucune idée de l'endroit où il se trouvait, sauf vaguement. que c'était quelque part en Italie ; et que, mon pauvre père étant mort, je ne pouvais le demander à personne. Puis, errant dans ces régions, il y a un mois, je suis tombé sur cet objet et je l'ai reconnu, bien que beaucoup plus petit. bien sûr, c'était toujours reconnaissable et aussi romantique que jamais.

Maria Dolorès écoutait pensivement. Lorsqu'il eut atteint ses règles, ses yeux s'illuminèrent. "Quelle charmante aventure !" dit-elle. "Et donc, pour vous, outre son romantisme général, cet endroit a un caractère personnel, qui vous est propre. Moi aussi, je le connais depuis de longues années, mais uniquement à travers des photographies. Je suppose que je n'aurais jamais dû le voir en vrai, à l'exception d'un de mes amis qui vient vivre ici.

"Je m'étonne", a déclaré John, "que les gens qui en sont propriétaires ne vivent jamais ici."

"Le prince de Zelt-Neuminster ?" dit-elle. "Non, il n'aime pas le gouvernement italien. Depuis que la Lombardie est passée de l'Autriche à l'Italie, la famille a complètement renoncé à séjourner à Sant ' Alessina ."

"Dans ces circonstances", a déclaré John, "je pense que les gens à l'esprit pratique se débarrasseraient de cet endroit."

" Oh, " dit-elle en riant, " le prince, à certains égards, a l'esprit assez pratique. Il possède cette grande collection de peintures italiennes, que, selon la loi italienne, il ne peut pas retirer du sol italien ; et s'il s'il devait se débarrasser de Sant'Alessina , où pourrait - il les loger ? D'une autre manière, cependant, il n'est peut-être pas si pratique. Il fait partie de ces utopistes qui croient que l'actuel royaume d'Italie doit faire naufrage sous peu et ; Je pense qu'il s'accroche à Sant'Alessina dans le rêve de venir ici en triomphe et de célébrer grandiosement cet événement.

"Je vois," dit John en hochant la tête. "C'est un bel idéal."

« Au revoir », dit-elle en lui lançant un dernier sourire rapide dans les yeux ; et elle s'éloigna, le long d'une allée de jardin, vers le pavillon au-delà de l'horloge.

# III

Et maintenant, j'aurais dû imaginer que, pour une seule séance (et celle-là une première), il en avait assez. J'aurais dû m'attendre à ce qu'il passe le reste de sa journée, en homme comblé, dans une tranquillité reconnaissante , dans d'agréables ruminations rétrospectives. Mais non. L'indulgence, apparut-il bientôt, n'avait fait qu'aiguiser son appétit. Après un quart d'heure de promenade dans le jardin, pendant lequel son fouillis de sensations et d'impressions, ses yeux doux et brillants, ses cheveux doux et tombants, sous son chapeau rouge vin ; sa silhouette élancée, dans sa mousseline estivale flottante, et le parfum léger, très léger (comme un lointain souvenir de feuilles de rose) qui flottait près d'elle ; son sourire, et les courbes, quand elle souriait, de ses lèvres rouge rosé, et l'éclat de ses dents blanches comme neige ; son rire, sa voix, sa voix d'ivoire ; son anglais assez net ; son appréciation d'Annunziata, ses pressentiments inquiétants à son sujet ; et sa profonde satisfaction dans sa proximité, sa « compagnie » ; et la longue avenue ombragée et parfumée, et les chants d'oiseaux, et le temps doux, — après un quart d'heure de tranquillité tout sauf reconnaissante , un quart d'heure d'excitation et d'exaltation inexplicables, pendant lequel son fouillis d'impressions et de sensations s'est installé De l'ébullition à une sorte de quiétude, il commença à prendre conscience avec inquiétude que, loin d'en avoir assez, il avait juste assez de goût pour lui donner une faim de plus en plus intense. C'était ridicule, mais il ne pouvait pas s'en empêcher. Et comme il ne semblait pas probable que sa faim soit bientôt satisfaite, c'était difficile. Au mieux, il ne pouvait raisonnablement espérer la revoir avant demain ; et même alors... ? Quelle raison avait-il d'espérer pouvoir, même alors, reprendre leur conversation ? Il l'avait dû aujourd'hui au seul hasard de leurs chemins qui se rejoignaient. Demain, très probablement, au mieux, il pourrait recevoir un salut et un sourire. Il est très probable qu'il lui faudra plusieurs jours avant d'avoir à nouveau quelque chose qui s'approche d'une véritable conversation avec elle. Et si sa visite chez Frau Brandt était de courte durée ? Et si demain même elle partait ? "Sa grande facilité à parler avec moi, un étranger, pourrait très bien être due au fait qu'elle savait qu'elle ne me reverrait plus jamais", a-t-il soutenu. ... Il se mettait donc dans un bel état de découragement, et le monde se réduisait rapidement en poussière et en cendres, lorsque le Ciel lui envoya une diversion. Bien plus, le Ciel lui a envoyé deux diversions.

# IV

Il y eut un bruit de roues sur le gravier, de sabots de chevaux sur la pierre, et la grande calèche de Lady Blanchemain , roulant superbement hors de l'avenue, s'arrêta devant le château, Lady Blanchemain elle-même, grande et douce et somptueuse en soie et en soie. des dentelles, sous un parasol en soie couleur lavande , très garni , très frangé , occupant le siège d' honneur . John se précipita à travers le jardin, chapeau à la main, pour l'accueillir.

"Sauter", ordonna-t-elle avec un sourire et un geste impérieux du bras. "Je suis venu t'emmener faire un tour."

Le valet de pied (homme fier) ouvrit la porte et John sauta dedans. Mais juste au moment où le valet de pied (avec un air) avait fermé la porte derrière lui, et avant que le cocher n'ait retouché ses chevaux, il y eut un rythme de pas de course. , et la voix d'Annunziata appelait avec insistance : « Prospero ! Prospero ! Alors, toute essoufflée, les joues pâles roses, les boucles en désordre, Annunziata arriva à côté de la voiture, et, nullement intimidée par ce magnifique équipage, ni par la magnifique vieille dame qui y trônait , (non intimidée, mais, à cause de la rondeur de ses yeux, très surprise et très curieuse), elle expliqua en haletant : « Un télégramme », et tendit à John une enveloppe couleur paille .

« Merci », dit-il en le prenant et en agitant une main amicale. "Mais tu ne devrais pas courir si vite", la réprimanda-t-il avec inquiétude.

Sur quoi la voiture partit, Annunziata debout et regardant, toujours les yeux ronds, jusqu'à ce qu'elle soit hors de vue.

"Quel enfant intéressant !" dit lady Blanchemain .

"Oui," dit John. "J'aurais aimé vous la présenter."

"Qui est-elle?" demanda la dame.

"C'est la détective privée dont je vous ai parlé. Elle est mon affinité. C'est la jeune branche du mal pour qui j'ai ravagé vos magasins de marchepane . C'est la nièce du parroco ."

"Hum!" dit lady Blanchemain . "Pourquoi t'appelle-t-elle... qu'est-ce que c'était ?... Prospero ?"

"C'est une optimiste. C'est un oiseau de bon augure", répondit John. "Elle s'est assurée, en consultant un oracle, que la Fortune avait des faveurs dans sa manche pour moi. Elle les anticipe de manière encourageante en m'appelant Prospero avant le fait."

Lady Blanchemain rit doucement. "C'est très gentil de sa part et très sage. Tu ne vas pas lire ton télégramme ?"

"Je ne savais pas si vous le permettriez", a déclaré John.

"Oh, je t'en prie", dit-elle avec un geste.

La voiture avait alors quitté le jardin, et le cocher avait tourné la tête de ses chevaux vers le nord, loin du lac, vers les Alpes, où leurs sommets enneigés, atténués par le soleil, par l'éloignement et par l'air bleu, ressemblaient à des vapeurs. s'élevant dans le ciel.

John déchira son enveloppe, lut, fronça les sourcils et poussa une éjaculation à moitié étouffée, quelque chose qui ressemblait plutôt à « Je dis ! et vaguement comme "Par Jupiter !"

"Pas de mauvaises nouvelles, j'espère ?" » demanda la dame, compatissante et essayant de parler comme si elle ne savait pas ce que voulait dire la curiosité.

"Au contraire, une excellente nouvelle", dit John, "mais un coup de tonnerre." Et il lui offrit le journal.

"Je suis en route pour Rome", lut-elle à haute voix. "Pourrais-je venir chez vous un jour ? Winthorpe , Hôtel Cavour, Milan."—" Winthorpe ?" Elle pinça les lèvres, comme si elle goûtait quelque chose. "Je ne connais pas son nom. Qui est-il ? Quel est son comté ?" » demanda-t-elle, elle qui portait dans sa tête les familles du comté.

John rit. "Il n'a pas de comté, il est seulement américain", a-t-il déclaré, prononçant avec intention cette géniale formule britannique.

"Oh", soupira Lady Blanchemain , ses attentes déçues; et rentrant ses jupes, elle s'enfonça un peu plus dans son coin.

"Il n'a pas de comté", répéta John. "Mais il est de loin la plus grande houle que je connaisse."

"Une houle ? Un Américain ?" Lady Blanchemain pressa ses lèvres et fit un mouvement à ses épaules.

"Un aristocrate, un patricien", dit John.

"Truquer!" dit lady Blanchemain . "Les Américains et les Australiens, ils sont tout ce que vous voulez, mais ils ne le sont jamais."

John a ri. « J'adore », dit-il, « notre façon légère et aérienne de mettre dans le même panier les Américains et les Australiens, les descendants des condamnés déportés et les descendants des Pères Pèlerins !

« Votre homme Winthorpe est-il un descendant des Pères Pèlerins ? demanda sèchement lady Blanchemain .

"En effet, il l'est", a déclaré John. " Il descend de dix individus distincts qui ont fait le premier voyage sur le *Mayflower*. Et il détient d'ailleurs intactes les terres qui furent cédées à sa famille par les Indiens l'année suivante. Cela devrait le recommander à votre Ladyship, un mandat ininterrompu de près de trois cents ans.

"Les vieux hectares", a admis Sa Seigneurie avec prudence, "ont toujours un gage de respectabilité."

"En plus," lança négligemment John, "c'est un baronnet."

Lady Blanchemain se redressa. "Un baronnet ?" dit-elle. "Un Americain?"

"Hélas, oui", dit John, "un simple Américain. Et l'une des premières créations, par Jacques Ier, rien de moins. Son brevet date de 1612. Mais il n'utilise pas le titre. Il le considère, il prétend, comme fusionné dans une dignité supérieure.

"Quelle dignité supérieure ?" demanda la dame en fronçant les sourcils.

"Celle d'un citoyen américain, dit-il", rigola John.

" Brrr ! " souffla-t-elle, impatiente.

"Et de plus," continua gaiement John, "en plus de descendre des Pères Pèlerins, il descend dans d'autres lignées de la moitié de la pairie de l'Angleterre du XVIIe siècle. Et pour couronner le tout, s'il vous plaît, il descend d'Alfred le Grand. Il est seulement un Américain, mais il peut montrer une descendance évidente d'Alfred le Grand ! Je pense que le plaisir le plus exquis, le plus subtil et le plus délicat que j'aie jamais éprouvé a été de voir des Anglais, des gens d'hier, le prendre avec condescendance. »

"Vous avez élargi ma sphère de connaissances", dit sombrement Lady Blanchemain . "Je n'avais jamais su qu'il y avait du sang en Amérique. Ce personnage prodigieux parle-t-il par le nez ?"

"C'est encore pire, non", dit John. « J'aurais aimé qu'il le fasse — un peu — juste assez pour sentir son terroir, avoir la couleur locale . Non, il parle pour tout le monde comme vous ou moi, ce qui l'expose aux compliments en Angleterre. « Un Américain ? Vraiment ? ' nos gens pleins de tact s'écrient lorsqu'il avoue sa nationalité : « Sur ma parole, je n'aurais jamais dû m'en douter. »

"Je suppose qu'avec tout le reste, il est riche ?" demanda dame Blanchemain .

"Immensément", acquiesça John. "En parlant de Fortune et de ses faveurs , elle ne lui en a rien caché."

"Alors il est beau aussi ?"

"Il ressemble à un homme", a déclaré John.

"Hum!" » dit lady Blanchemain émue. "Si *j'avais* reçu un télégramme d'une créature de telles proportions, j'ai le sentiment que j'y répondrais."

"J'ai moi-même un sentiment très similaire", a ri John. "Quand nous ferons demi-tour, si vous pensez que votre cocher peut être persuadé de s'arrêter au bureau télégraphique du village, je vous ferai part de mon émotion."

"Je pense que nous pourrions faire demi-tour maintenant", a déclaré Lady Blanchemain . "Ça devient plutôt sombre ici." Elle regarda autour d'elle avec un petit frisson, puis donna l'ordre nécessaire. La vallée s'était rétrécie jusqu'à n'être plus qu'un défilé entre deux collines sombres et escarpées, des collines couvertes de pins qui cachaient le soleil, frappant l'air de froid et d'ombre, et tournant le Rampio , dont la bagarre semblait en quelque sorte augmenter la pression. détendez-vous, donnant au Rampio pétillant et sportif la couleur de l'ardoise. — Cela fait penser aux brigands, dit-elle avec un nouveau petit frisson. Mais même si l'air était frais, il était merveilleusement parfumé de l'encens des pins.

"Eh bien," demanda-t-elle alors qu'ils se tournaient vers la maison, "et votre femme ? Et elle ?"

"Rien", dit John. "Ou en tout cas, très peu." (Ce serait extrêmement agréable, sentit-il soudain, de parler d'elle ; mais en même temps il éprouvait une extrême réticence à laisser voir son plaisir.)

"Mais ton détective privé ?" dit lady Blanchemain . « Ses enquêtes n'ont-elles pas été fructueuses ?

"Pas grand chose", dit-il. "Elle a peu appris au-delà de son nom et de son âge."

"Et quel *est* son nom ?" demanda la dame.

" Son nom est Maria Dolores ", répondit John (et il éprouva une joie secrète, qui lui était étrangère, en le prononçant).

"Maria Dolorès ?" dit lady Blanchemain (et il éprouva une secrète joie à l'entendre). "Maria Dolores... quoi ?"

"Mon détective n'a pas découvert son nom païen", a déclaré John.

"Pour que tu doutes encore qu'elle soit la fille d'un meunier ?" Lady Blanchemain haussa les sourcils.

"Oh non : je pense qu'elle est la fille d'un meunier", dit-il. "Mais c'est une personne minutieusement ciselée et très polie. Sa voix est comme l'ivoire et le velours blanc ; et l'entendre parler anglais est une révélation des beautés cachées de cette langue."

"Hum!" dit lady Blanchemain en le regardant. "Alors tu es avancé au point de lui parler ?"

"Eh bien," répondit John en pesant ses mots, "je ne sais pas si je peux vraiment dire cela. Mais le hasard nous a réunis pendant une minute ou deux cet après-midi, et nous ne pouvions guère faire moins, en termes de courtoisie, que d'échanger les mots . moment de la journée."

"Et es-tu amoureux d'elle ?" demanda dame Blanchemain .

"Je me demande", dit-il. " Qu'en pensez *-vous* ? Est-il possible pour un homme d'être amoureux d'une femme qu'il n'a vue qu'une demi-douzaine de fois au total et avec qui il n'a jamais parlé plus d'une minute ou deux d'affilée ? "

« *C'était* seulement une minute ou deux... *vraiment* ? demanda lady Blanchemain en courtisant sa confiance d'un regard.

"Non," dit John. "Cela a probablement duré dix minutes, peut-être quinze. Mais ils sont passés si vite qu'il est vraiment plus proche de la vérité de les décrire comme une ou deux."

Lady Blanchemain déplaça son ombrelle et se tourna à demi pour lui faire face, ses vieux yeux doux pleins de sourire scrutateur et de suspicion.

"Je ne peux jamais dire si tu es sérieux ou non", se plaignit-elle. " Si vous *êtes* sérieux, eh bien, *à quand le mariage ?* "

"Le mariage?" s'écria Jean. "Comment pourrais-je l'épouser ? Une telle chose est hors de question.

"Pourquoi?" demanda-t -elle .

"La fille d'un meunier !" dit Jean. « Voudriez-vous que j'épouse la fille d'un meunier ?

"Vous avez dit vous-même hier..." lui rappela la dame.

"Ah, oui", dit-il. "Mais la nuit apporte conseil."

« Si elle est bien instruite, » dit Lady Blanchemain , « si elle est bien élevée, qu'importe son père ? Bien qu'il ne soit personne en Autriche, où rien ne compte que les cantonnements , il est probablement ce que nous appellerions un gentleman en Angleterre. Et si c'était un avocat ? Ou le rédacteur en chef d'un journal ?

Elle s'arrêta, le regard pensif, pour réfléchir à des professions respectables. Finalement, elle abandonna l'effort.

"Eh bien, tout ce qui est décent", a-t-elle conclu, "à condition qu'il ait beaucoup d'argent."

"Ah," dit John tristement et avec peut-être une humilité moqueuse. "S'il avait beaucoup d'argent, il n'accepterait jamais que sa fille épouse un fils de la pauvreté comme moi."

« Pooh ! Pour un titre ? s'écria lady Blanchemain . "En plus, vous avez des perspectives. Vous ne vous appelez pas Prospero ?"

"J'ai peu de confiance dans les oracles", a déclaré John.

"Je vous conseille d'en avoir plus", dit dame Blanchemain avec un sourire qui semblait occulte.

Et maintenant sa voiture entra dans le village, et elle le déposa au bureau télégraphique.

"N'attendez pas", dit John. "La marche d'ici au Château n'est rien, et cela vous détournerait de votre chemin."

"Eh bien, au revoir, alors", dit-elle. "Et cultivez davantage de foi dans les oracles, quand ils sont de bon augure."

Seule, elle tira de quelque pli caché de ses nombreuses draperies une lettre, une lettre non cachetée, qu'elle ouvrit, étala et se mit à lire. C'était une longue lettre écrite de la belle écriture démodée de Sa Seigneurie ; et il était adressé à MM. Farrow, Bernscot et Tisdale, solicitors, Lincoln's Inn Fields, Londres. Elle le lut deux fois, et enfin (avec un sourire qui parut occulte) le remit dans son enveloppe. « Arrêtez-vous à la Poste, dit-elle à son cocher en entrant dans Roccadoro ; » et à son valet de pied, en lui remettant la lettre : « Faites-la enregistrer, s'il vous plaît.

Annunziata attendait John dans le jardin. Elle accourut et lui saisit le bras. Puis, sautant à côté de lui, tout en continuant son chemin : « Qui était-elle ? D'où venait-elle ? Où vous a-t-elle emmené ? De qui venait le télégramme ? » demanda-t-elle dans un souffle, blottissant ses boucles contre la manche de son manteau.

" *Piano, piano* ", remontra John. "Une question à la fois. Maintenant, recommencez."

"De qui venait le télégramme ?" elle obéit, du début à la fin.

" Ah, " dit-il, " le télégramme était de *mon* ami Prospero. Il vient ici demain. Il faut demander à votre oncle s'il peut lui donner un lit. "

"Et la vieille dame ?" poursuivit Annunziata. "Qui était-elle?"

"La vieille dame était ma fée marraine", a déclaré John, construisant mieux qu'il ne le pensait.

# QUATRIÈME PARTIE

# je

Faisant les cent pas ensemble tout en discutant, John et son ami Winthorpe présentaient un contraste saisissant et peut-être intéressant. John était grand, mais Winthorpe semblait beaucoup plus grand – même si, (des bagatelles dans ces domaines paraissent si importantes), si de véritables mesures avaient été prises, j'ose dire qu'un demi-pouce aurait couvert la différence. John était mince et musclé, mais arrondi au niveau des articulations et d'une portance souple, de sorte qu'il ne vous est jamais venu à l'esprit de le considérer comme *mince* . La silhouette épurée de Winthorpe , épurée et anguleuse, avec sa plus grande hauteur, maintenue inébranlablement au plan de la perpendiculaire, semblait absolument être construite de rien d'autre que d'os et de tendons. La tête de John, avec ses cheveux jaunes, sa barbe bouclée tirant vers le rouge, sa peau rose et ses yeux bleus pleins de rire, aurait pu servir de modèle à un peintre pour la tête de Mirth. Winthorpe , — avec des cheveux bruns coupés court et montrant le blanc du cuir chevelu ; rasé de près, mais d'une teinte d'acier là où le rasoir était passé ; avec une mâchoire marquée et un menton carré saillant ; avec un nez haut et déterminé, un front blanc s'élevant verticalement sur d'épais sourcils noirs et des yeux gris plutôt enfoncés, eh bien, mettez-y un chapeau couronné de clocher, et vous auriez pu le faire poser pour l'un des siens. Ancêtres puritains. Les vêtements mêmes des hommes portaient leur dissemblance : les amples flanelles bleues et le nœud de marin rouge de John, d'apparence insouciante, mais élégants dans leur effet, et le montrant prudent à sa manière ; La cravate noire et les tweeds sombres de Winthorpe , aussi corrects que Savile Row pouvait les rendre, et pourtant, d'une manière ou d'une autre, par la façon dont il les portait, le proclamaient immédiatement un homme qui n'avait jamais réfléchi à sa tenue vestimentaire. Toutefois, si le visage de Winthorpe était celui d'un puritain, c'était celui d'un puritain doté du sens de l' humour : les lignes autour de la bouche étaient clairement les empreintes de sourires. Cela ressemblait également au visage d'un puritain sensible et ( maugre ce nez haut ponté) d'un doux – la lumière dans ses yeux gris clairs était une lumière bienveillante et douce. Après tout, le gouverneur Bradford, comme le montrent ses écrits – même s'il s'efforçait peut-être de ne pas les laisser le montrer – était un puritain doté du sens de l' humour ; John Alden et Priscilla étaient sûrement sensibles et doux : et Winthorpe descendait du gouverneur Bradford, ainsi que de John Alden et Priscilla. Les deux amis allaient et venaient dans la grande place devant le château et causaient. Ils ne s'étaient pas rencontrés depuis près de deux ans et avaient beaucoup de choses à dire.

Assise à l'une des fenêtres ouvertes du pavillon au-delà de l'horloge, Maria Dolorès (dans une confection vert pâle de je ne sais quel tissu aérien et vaporeux) baissa les yeux et les regarda vaguement, elle-même cachée par le rideau en filet qui , selon l'usage italien, était accroché à la fenêtre pour atténuer la chaleur et éloigner les insectes. Elle les regardait d'abord vaguement, et seulement de temps en temps, le reste se poursuivant avec quelques travaux d'aiguille qu'elle avait sur ses genoux. Mais peu à peu, elle abandonna complètement ses travaux d'aiguille et son observation devint continue et absorbée.

"Quel homme singulier !" pensa-t-elle en étudiant Winthorpe . "Quel homme à l'air ascétique ! Il ressemble à un martyr chrétien des premiers temps. Il ressemble à un prêtre. Je crois que c'est un prêtre . Les prêtres anglais", se souvient-elle, "lorsqu'ils voyagent, s'habillent souvent en laïcs. Oui, il est un prêtre, et terriblement austère – je n'aimerais pas aller me confesser chez lui. Mais malgré son austérité, il semble être extraordinairement heureux de quelque chose en ce moment, cette lumière dans ses yeux, c'est presque. une lumière d'extase. C'est une lumière que je n'ai jamais vue dans les yeux, sauf dans ceux des prêtres et des religieuses.

Winthorpe , tandis que cette lumière « presque extatique » brillait dans ses yeux, avait parlé.

Alors qu'il s'arrêtait, John, avec un regard de gai étonnement, s'arrêta et se tourna pour lui faire face. Les lèvres de John remuèrent, et il était parfaitement clair qu'il s'exclamait avec ravissement : « Vraiment ? *Vraiment* ?

Winthorpe hocha joyeusement la tête : sur quoi John tendit les deux mains, saisit celles de son ami et, son visage rose jubilatoire, les secoua avec une immense cordialité.

« Le prêtre a reçu un avancement : il sera probablement nommé évêque », déduit Maria Dolorès ; "et Signor Prospero le félicite."

Les hommes reprirent leur marche ; mais pendant une bonne minute, John garda sa main sur l'épaule de Winthorpe et la tapota doucement encore et encore, murmurant : « Je suis si heureux, si immensément heureux. Maria Dolores était sûre que c'était ce qu'il murmurait, car, même si aucun mot ne pouvait l'atteindre, le visage radieux de John parlait plus fort que sa voix.

Finalement, John laissa tomber sa main et, les sourcils légèrement haussés, posa une question.

"Mais comment est-ce arrivé ? Mais raconte-moi tout ça", semblait-il dire.

Et Winthorpe (toujours avec quelque chose de cette lumière extatique dans les yeux) se mit à répondre. Mais c'était une histoire assez longue, et durait une demi-douzaine de leurs déambulations en avant et en arrière . Apparemment, en outre, c'était une histoire qui, à mesure qu'elle se développait, devenait de moins en moins agréable à l' esprit de John ; car son visage, d'abord éveillé par l'intérêt, tout illuminé de plaisir, peu à peu dégrisé, peu à peu s'assombrit, fronça les sourcils, exprima son désaccord, exprima sa désapprobation, jusqu'à ce que, finalement, avec un mouvement impatient, il l'interrompit et commença à parler rapidement. , avec véhémence – pour protester, pour remontrer.

« Ah », pensa Maria Dolorès, « le prêtre doit devenir évêque, certes, mais évêque missionnaire. Ce n'est pas pour rien qu'il ressemble à un martyr chrétien des premiers temps. Il va dans un endroit étrange et sauvage. partie du monde, où il sera assassiné par les indigènes, ou mourra de fièvre ou de solitude. C'est un homme qui a écouté les Conseils de la Perfection. Mais son ami non ascétique Prospero (on dirait June en remontrance avec Décembre) peut'. Il ne se résout pas à aimer ça."

John a remontré, protesté, argumenté . Winthorpe , calmement et souriant, a réitéré son objectif et ses motivations. Jean a plaidé, imploré, fait appel (c'est ainsi que l'observateur a lu son geste) à la terre, au ciel. Winthorpe lui prit le bras et, calmement, souriant, essaya de l'apaiser, de le convaincre. John libéra son bras et, l'employant pour ajouter de la force et du pouvoir de persuasion à son discours, renouvela ses arguments, soulignant à quel point tout cela était inutile, inhumain et impossible. "C'est monstrueux. C'est contre nature. Il n'y a aucune *raison* à cela. Avec quoi ça *rime* ? C'est faire tout son possible pour chercher, créer la misère. Mon esprit refuse tout simplement de l'accepter." C'était comme si Maria Dolores pouvait entendre les mots. Mais Winthorpe , calme et souriant, ne s'émeut pas. John secoua la tête, marmonna, haussa les épaules, leva les mains, marmonna encore. « Y a-t-il jamais eu une telle obstination têtue ! Y a-t-il jamais eu un tel aveuglement arbitraire et volontaire ! Je vous abandonne, pour un pervers, un fou à trois pattes ! Et ainsi, John marmonnant et fronçant les sourcils, Winthorpe souriant sereinement, répétant, ils contournèrent le coin des bâtiments du château et furent perdus à la vue de Maria Dolores.

# III

Cet après-midi-là, assise sur la mousse, sous un grand eucalyptus près du pavillon de Mme Brandt, Maria Dolores reçut la visite d'Annunziata.

Le petit visage pâle d'Annunziata était plus pâle, ses grands yeux graves étaient plus graves encore qu'à leur habitude. Elle hocha la tête, lentement, d'une manière menaçante ; et son regard était lourd de signification.

Maria Dolorès sourit. "Quel est le problème?" » elle a demandé joyeusement.

"Ah," soupira profondément Annunziata, avec un autre signe de tête de mauvais augure, "J'aurais aimé savoir."

Maria Dolorès a ri. "Asseyez-vous", suggéra-t-elle en faisant de la place à côté d'elle sur la mousse, "et essayez de réfléchir."

Annunziata s'assit et se recroquevilla. "Quelque chose est arrivé à Prospero", dit-elle *de profundis* .

"Oh?" demanda Maria Dolorès. "Quoi?" Elle semblait d'une gaieté sans cœur, et même plutôt amusée.

"Ah," soupira Annunziata, "c'est ce que j'aurais aimé savoir. Il a eu un ami pour passer la journée avec lui."

"Oui?" dit Maria Dolorès. « Je suppose que j'ai vu son ami marcher avec lui ce matin ?

" *Già* ", dit Annunziata. "Ils ont marché toute la journée. Il l'appelle *son* ami Prospero. Mais il n'a pas l'air très prospère. Il ressemble à un crayon d'ardoise. Il est long et mince, sombre et froid et dur, comme un crayon d'ardoise. " Il ne passera pas la nuit, bien que nous lui ayons préparé un lit. Il va à Rome, et Prospero l'a conduit à la gare de Cortello . " Je le déteste, conclut simplement Annunziata.

"Miséricorde!" s'exclama Maria Dolorès en ouvrant les yeux. "Pourquoi le détestes-tu ?"

"Parce qu'il a dû dire ou faire quelque chose de très méchant envers Prospero", répondit Annunziata. "Oh, tu devrais le voir. Il est si triste, si triste et si en colère. Il continue de froncer les sourcils, de secouer la tête et de dire des choses en anglais que je ne comprends pas, mais je suis sûr que ce sont des choses tristes et des choses en colère. " Et il ne voulait pas dîner, non, pas tant que ça, " (Annunziata mesura un pouce sur son doigt), " lui qui mange toujours beaucoup, - *eh, ma molto, molto* " et, la séparant. mains, elle a mesuré environ vingt pouces de hauteur.

Maria Dolores ne put s'empêcher de rire un peu. Mais ensuite elle dit, sur un ton de consolation : « Eh bien, il est parti maintenant, espérons donc que votre ami Prospero retrouvera rapidement son appétit habituel.

"Oui," dit Annunziata, "je l'espère. Mais oh, ce vieil homme au crayon d'ardoise, comme je le déteste ! J'aimerais... *euhhh !* " Elle serra son petit poing blanc et le secoua d'un air menaçant, véhément : tandis que ses yeux brillaient violemment. ... L'instant suivant, cependant, son air changea complètement. Comme une lumière éteinte, toute la férocité disparut de son visage, laissant la place à ce qui semblait être de la douleur et de la terreur. "Voilà," cria-t-elle, la douleur et la terreur dans la voix, "j'ai offensé Dieu. Oh, je suis tellement désolée, tellement désolée. Mon péché, mon péché, mon péché", murmura-t-elle en baissant la tête et en frappant trois fois. son sein.

"Je retire chaque mot que j'ai dit. Je ne le déteste pas. Je ne lui ferais pas de mal - je ne lui enfoncerais même pas une épingle - si je l'avais à ma merci. Non - je ferais tout ce que je peux pour l'aider. Je lui donnerais tout ce que j'aurais et ce qu'il voudrait. Je lui donnerais mon chapelet de corail, je lui donnerais... — elle hésita, se débattit, et enfin, prenant une profonde inspiration, serrant les dents, dans un suprême renoncement... oui, je lui donnerais mon enfant apprivoisé, se força-t-elle à prononcer avec une sorte de fermeté désespérée. "Mais tu vois," gémit-elle, son petit sourcil blanc couvert de rides douloureuses, "tout cela ne sert à rien. Dieu est toujours en colère. Oh, que dois-je faire ?" Et, à la surprise et au désarroi de Maria Dolorès, elle éclata en larmes, sanglotant, sanglotant, avec cet abandon de chagrin que seuls les enfants connaissent.

"Ma chérie, ma chérie", s'exclama Maria Dolorès en l'attirant vers elle. "Ma chérie, tu ne dois pas pleurer comme ça. Chère petite Annunziata. Qu'est-ce que c'est ? Pourquoi pleures-tu ainsi, ma chérie ? Réponds-moi. Dis-moi."

Mais Annunziata se contentait d'enfouir son visage dans la manche de Maria Dolores et de gémir, tandis que de longues et tremblantes convulsions secouaient son frêle petit corps. Maria Dolorès l'entoura de ses deux bras, la serra contre elle et posa sa joue sur ses cheveux.

"Chérie Annunziata, ne pleure pas. Pourquoi devrais-tu pleurer ainsi, ma chérie ? Dieu n'est pas en colère contre toi. Pourquoi devrais-tu penser que Dieu est en colère contre toi ? Dieu t'aime, chérie. Tout le monde t'aime. Là, là, ma chérie. - ne pleure pas, ma chérie, ma chère.

Les transitions, avec Annunziata, furent parfois inexplicablement rapides. Tout à coup ses sanglots cessèrent ; elle leva les yeux et sourit, sourit radieusement, d'un visage mouillé et luisant de larmes. « Grâce à Dieu », exultait-elle pieusement ; "Dieu n'est plus en colère ."

"Bien sûr qu'il ne l'est pas", dit Maria Dolores, resserrant son étreinte et touchant légèrement les boucles d'Annunziata avec ses lèvres. "Mais Il n'a jamais été en colère. Qu'est-ce qui vous a fait penser que Dieu était en colère ?"

Les grands yeux d'Annunziata s'écarquillèrent. "Tu n'as pas remarqué ?" » demanda-t-elle à voix basse, étonnée.

"Non", se demanda Maria Dolores. "Qu'y avait-il à remarquer ?"

"Il leur a fait dessiner un nuage sur le soleil", murmura Annunziata. " N'as-tu pas remarqué que quand j'ai dit que j'aimerais — quand j'ai dit ce que j'ai dit à propos de cet ami de Prospero — à ce moment-là, ils ont dessiné un nuage sur le soleil ? C'est un signe que Dieu est en colère. Le soleil, tu Je sais, c'est la fenêtre du Ciel à travers laquelle Dieu regarde le monde et à travers laquelle la lumière du Ciel brille sur le monde. Et quand la fenêtre est ouverte, nous nous sentons heureux et reconnaissants, et souhaitons chanter et rire. nous avons fait quelque chose pour mettre Dieu en colère contre nous, alors il envoie des anges dessiner des nuages sur la fenêtre, afin que nous puissions être hors de sa vue et que la lumière du ciel soit fermée pour nous. Et alors nous sommes seuls. et froid, et nous pourrions nous disputer avec n'importe quoi, même avec les cochons. Dieu veut nous montrer à quel point il serait mauvais d'être toujours coupé de sa vue. Mais maintenant qu'ils ont éloigné le nuage, Dieu n'est plus en colère. . J'ai fait un bon acte de contrition, et Il m'a pardonné.

Maria Dolores sourit, mais sous son sourire il y avait un air sérieux, un air inquiet.

"Ma chérie," dit-elle en souriant et en semblant inquiète, "tu devrais essayer de contrôler ta petite imagination débordante. Si chaque fois qu'un nuage traverse le soleil, tu vas en assumer la responsabilité et imaginer que tu as offensé le soleil." Mon Dieu, j'ai peur que tu aies une vie plutôt agitée.

"Oh non, pas *à chaque* fois", s'écria Annunziata, et elle était visiblement sur le point de faire une fine distinction, quand brusquement le courant de ses idées fut détourné. " Chut ! Voilà Prospero qui arrive, " cria-t-elle en se levant. "Je peux voir le haut de son chapeau blanc au-dessus des buissons de rhododendrons. Il a conduit son ami à Cortello et est rentré à la maison. Je dois m'enfuir, sinon il verra que j'ai pleuré. Ne lui dis pas," supplia-t-elle en mettant le doigt sur ses lèvres ; et elle se mit à courir vers le presbytère, au moment où John sortait de derrière la longue haie de rhododendrons.

# IV

John sortit de derrière les rhododendrons, avec une démarche insouciante, lâche et sans but, le bord de son Panama tiré brigandement sur une oreille, les mains dans les poches de son manteau, la tête penchée, le front penché. plissé, ses yeux sombres , chaque ligne et chaque fibre de sa personne le présentant comme la proie d'un dégoût morose. Mais lorsqu'il aperçut Maria Dolorès, il se redressa précipitamment, sortit ses mains, ôta son chapeau (en lui donnant un rabat qui mettait le bord à un angle moins truculent) et sourit. Et quand, l'instant d'après, il aperçut la forme volante d'Annunziata, son sourire se transforma en un regard émerveillé.

"Qu'est-ce qu'il y a avec Annunziata ? Pourquoi court-elle avec toutes ses jambes comme ça ?" Il a demandé.

Maria Dolores eut un petit éclat de rire. "Elle te fuit", répondit-elle.

"De *moi* ?" s'étonna John. " *Je suis donc un éclair de guerre ?* Pourquoi diable me fuit-elle ? »

Maria Dolores sourit mystérieusement.

« Ah, dit-elle, elle m'a demandé de ne pas vous le dire. Je suis dans la position délicate de confidente.

"Et c'est pourquoi j'espère que vous me le direz avec moins de réticence", dit John, d'un ton courtois et sans scrupules. "Une confidente trahit toujours sa confiance à quelqu'un , c'est la partie du jeu qui en vaut la peine ."

Le sourire de Maria Dolores s'approfondit.

"Dans cette robe vert pâle, sur ce banc de mousse vert foncé, avec son teint et ses cheveux, par Jupiter, comme elle est magnifique !" pensa John, en agitation.

"Eh bien," dit-elle, "Annunziata s'est enfuie parce qu'elle ne voulait pas que tu voies qu'elle pleurait."

John haussa les sourcils, les yeux bleus en dessous exprimant la consternation.

"Pleurs?" répéta-t-il. « La pauvre petite gamine ! Pourquoi pleurait-elle ! »

"C'est une longue histoire, et elle implique certains de ses principes théologiques particuliers", a déclaré Maria Dolores. "Mais, en un seul mot, à propos de ton ami."

Les sourcils de John descendirent à leur niveau normal et se rapprochèrent.

"Pleurer pour mon ami ? Quel ami ?" il était perplexe.

"Ton ami le curé, l'homme qui a passé la journée ici avec toi", expliqua Maria Dolorès.

John sursauta, rejeta la tête en arrière et la regarda avec étonnement.

"C'est extraordinaire", s'est-il exclamé.

"Quoi?" » demanda-t-elle en levant légèrement les yeux .

"Que tu devrais l'appeler mon ami le curé", dit John en secouant la tête abasourdie.

"Pourquoi ? N'est-il pas prêtre ? Il en a tout l'air", dit Maria Dolores.

"Non, c'est un millionnaire américain", dit succinctement John.

Maria Dolores s'est déplacée à sa place et a ri.

"Cher moi!" elle a dit : "J'ai raté le but. Un millionnaire américain devrait cultiver une apparence moins trompeuse. Avec son visage mince et rasé, et ce regard d'un martyr chrétien des premiers temps, et les vêtements sombres qu'il porte, partout où il va, il est sûr d'être pris pour un prêtre.

"Oui", dit John avec une sorte de gravité; "C'est ce qui est extraordinaire. Il vient d'une longue lignée de protestants sectaires, il est une réincarnation de certains de ses vieux et sévères ancêtres puritains, et vous trouvez qu'il ressemble à leur abomination favorite, un prêtre romain . Eh bien, vous avez un œil prophétique. "

Maria Dolores leva un regard interrogateur. « Un œil prophétique ? elle a interrogé.

"Je veux simplement dire", dit Jean avec une légèreté thaumaturgique , "que cet homme est en route pour Rome pour étudier en vue du sacerdoce." Et il lança un coup thaumaturgique à son menton barbu.

"Oh!" s'écria Maria Dolores, et elle s'appuya contre son eucalyptus et rit encore.

John, cependant, secoua la tête avec découragement et resta sombre.

"Riez si vous voulez", dit-il, "bien que cela me semble aussi loin que possible de rire, et je pense qu'Annunziata a choisi la meilleure partie lorsqu'elle pleurait."

"Je vous demande pardon", dit Maria Dolorès, peut-être un peu raide. "Je riais seulement de la coïncidence du fait que je l'avais supposé être prêtre, et que j'apprenais ensuite que, même s'il ne l'était pas, il allait le devenir. Je ne riais pas du fait lui-même. Ce n'était pas non plus le cas." ajouta-t-elle, sa raideur la quittant et une petite lueur d'amusement la remplaçant, "ce fait qui a fait pleurer Annunziata".

"J'ose dire non", répondit John, "vu qu'elle ne pouvait pas le savoir. Mais il se pourrait bien qu'elle l'ait fait. C'est à faire pleurer une image effrontée." Il secoua les épaules avec colère.

"Quoi?" s'écria Maria Dolorès, surprise, réprimande . "Qu'un homme doit devenir un saint prêtre ?"

"Oh, non," dit John. "Ce seul fait, détaché des circonstances particulières, pourrait être un sujet de réjouissance. Mais le fait que cet homme particulier, *dans* ses circonstances particulières, soit sur le point de devenir prêtre - eh bien, je n'ai tout simplement pas de mots pour exprimer mon sentiment." Il étendit les bras, dans un geste de désespoir. "Je suis simplement malade de rage et de pitié. Je pourrais grincer des dents et déchirer mes vêtements."

"Miséricorde!" s'écria Maria Dolorès en remuant. "Quelles sont les circonstances particulières ?"

"Oh, c'est une histoire macabre", a déclaré John. "C'est l'histoire du sacrifice gratuit, impitoyable, inutile et sans but de deux vies. C'est son vieux sang puritain noir et glacé. Winthorpe - c'est son nom - était depuis des années un libre penseur, beaucoup trop intellectuel et éclairé, et ce genre de choses. , vous savez, à en croire une vieille histoire comme la religion chrétienne. Lui et moi avions des disputes, terribles, dans lesquelles, bien sûr, ni l'un ni l'autre n'ébranlaient l'autre, avec un soupçon d'humour. son Emerson natal, la religion lui suffisait. Puis ce matin, il est arrivé ici et a dit : « Félicitez-moi, il y a un mois, j'ai été reçu dans l'Église. »

Maria Dolores leva la tête, animée, ses yeux sombres pétillants.

"Comme c'est magnifique !" dit-elle.

"Oui," acquiesça John, "c'est pourquoi j'ai pensé . ' Félicitez-moi', a-t-il dit. Je devrais penser que je l'ai félicité, de tout mon cœur et de toute mon âme. Mais ensuite, naturellement, je lui ai demandé comment cela s'était passé, ce qui s'était passé. l'avait réalisé."

"Oui-?" » demanda Maria Dolores, alors qu'il faisait une pause.

"Eh bien," dit John, son visage se durcissant, "il a alors commencé à me raconter de sa manière calme, avec sa voix froide (c'est comme de l'eau froide qui coule doucement), absolument l'histoire la plus inhumaine que j'ai jamais eue pour garder ma patience. et écoute."

"Quelle était l'histoire ?" demanda Maria Dolorès.

"Si vous pouvez croire à une telle inhumanité, c'est bien celle-là", répondit John. "Il semble qu'il soit tombé amoureux d'une fille à Boston, où il vit. Et qui plus est, et pire encore, la fille est tombée amoureuse de lui. Ils étaient donc là, fiancés. Mais elle était catholique, et son état L'incrédulité lui causait un grand chagrin. Alors elle le supplia et le persuada, jusqu'à ce que, simplement pour la réconforter, et sans le moindre soupçon que son scepticisme puisse être affaibli, il promit de reconsidérer en profondeur la position catholique . lire certains livres, et se mettre en instruction auprès d'un prêtre : ce qu'il fit. Ce qu'il fit, s'il vous plaît, avec pour résultat, à sa propre surprise inexprimable, qu'un beau jour il se réveilla et découvrit qu'il avait été convaincu, qu'il *croyait* .

"Oui?" » dit Maria Dolorès avec empressement. "Oui...? Et puis ? Et la fille ?"

" Ah, " dit John avec un gémissement, " la fille. C'est dommage. C'est là qu'intervient son vieux sang noir puritain. Du sang ? Ce n'est pas du sang, c'est une forme fluide de pierre, c'est du silex dissous dans du vinaigre. La fille ! Remarquez qu'elle l'aimait, ils étaient fiancés. Eh bien, il est allé vers elle et lui a dit : « Je me suis converti à la religion chrétienne, à votre religion. une chose comme ça, et continuer à vivre comme je vivais quand je n'y croyais pas, continuer à vivre comme si ce n'était pas vrai, ou comme si cela n'avait pas d'importance. Cela compte – cela compte suprêmement – c'est la seule chose. dans le monde qui compte. Je ne peux pas y croire, *me marier* , me marier et vivre dans une tranquille indifférence. Non, je dois mettre de côté l'idée du mariage, l'idée du bonheur personnel, je dois vendre tout ce que j'ai et. donne-le aux pauvres, prends ma croix et suis-le. Je vais à Rome pour étudier pour le sacerdoce. Imaginez, gémit John en tendant les mains, *imaginez* parler ainsi à une femme que vous êtes censé aimer, à une femme qui vous aime. Et il enfonça son talon dans la terre avec colère.

Maria Dolores avait l'air sérieuse.

"Après tout, il devait obéir à sa conscience", a-t-elle déclaré. "Après tout, il était logique, il était cohérent."

"Oh, sa conscience ! Oh, sa cohérence !" s'écria John avec un mouvement intolérant du corps. " Au fond, ce n'est rien de mieux qu'une vulgaire complaisance, comme je me suis permis de le lui dire en face. C'est l' ardeur du converti, agissant sur cette solution acide de silex qui tient lieu de sang dans ses veines, et provoquant des pulsions puritaines aigres auxquelles il cède immédiatement (comme tout autre voluptueux). Ce n'est rien de mieux qu'une conscience effrénée, en effet, où était sa conscience quand il s'agissait d' *elle* ? Pensez à cette pauvre fille, à cette pauvre fille pâle, qui ? je l' *aimais* . Oh, Mère de Miséricorde!"

Il fit avec impatience trois pas à gauche, trois pas à droite, frappant la paume d'une main avec le dos de l'autre.

"Qu'a-t-elle fait ? Comment l'a-t-elle pris ?" demanda Maria Dolorès.

" Ce qu'elle aurait dû faire, " dit John entre ses dents, " c'était de lui arracher les yeux. Ce qu'elle a fait, comme il me l'a dit avec un visage séraphique, ce n'était pas seulement d'approuver tout ce qu'il disait, mais de décide d'en faire autant. Alors, pendant qu'il se rend à Rome pour se faire tonsurer et bercer , elle nettoie les sols d'un couvent d'Ursulines, en tant que novice. Et il y a deux vies gâtées. Il haussa les épaules.

"Oh, non, non", affirma sérieusement Maria Dolorès en secouant la tête, "pas gâté. Au contraire. C'est triste, d'une certaine manière, si vous voulez, mais c'est très beau, c'est héroïque. Leur amour ça a dû être un très bel amour, qui a pu les conduire à un tel sacrifice de soi. Deux vies données à Dieu.

"Les hommes ne peuvent-ils pas donner leur vie à Dieu sans cesser de *vivre* ?" s'écria Jean. « Si le mariage est un sacrement, comment peuvent-ils mieux donner leur vie à Dieu qu'en vivant sainement et doucement dans le mariage chrétien ? Mais ces gens se retirent de la vie, renoncent à la vie, se dérobent et s'éloignent de la vie que Dieu leur avait préparée et exigeait. C'est aussi grave que le suicide. En plus, cela implique une vision totalement perverse de la religion. La religion nous est sûrement donnée pour nous aider à *vivre* , pour nous montrer *comment* vivre, pour nous permettre de faire face aux difficultés, aux urgences. responsabilités de la vie. Mais ces gens considèrent leur religion comme un mandat pour tourner le dos aux responsabilités de la vie et s'enfuir. Et quant à l' *amour* ! Eh bien, elle a sans aucun doute aimé, pauvre dame. Mais non. un homme aime, il n'envoie pas son amour dans un couvent, et il va à Rome se faire soutane ." Il fit un signe de tête définitif.

"C'est, je pense, une question de tempérament", a déclaré Maria Dolores. " Votre ami a un tempérament ascétique. Et il ne s'ensuit nullement qu'il aime moins parce qu'il renonce à son amour. Ce que vous appelez une histoire inhumaine me semble merveilleusement noble. J'ai vu votre ami ce matin, quand lui et lui vous marchiez ensemble, et je me suis dit : « Cet homme a l'air d'avoir écouté les Conseils de Perfection. Sa vocation transparaît en lui. Je pense que vous devriez vous réconcilier avec son acceptation."

"Eh bien," dit John, sur le ton d'un homme prêt à changer de sujet, "je lui dois au moins une bonne note. Son récit de son 'état de cœur' m'a amené à examiner le mien, et j'ai découvert que je Je suis moi-même amoureux, ce qui est une chose utile à savoir.

"Oh?" dit Maria Dolorès avec un petit effet de réserve.

"Oui," dit John, sans rien intimider, "bien que contrairement à la sienne, la mienne soit une flamme non réciproque et inavouée ."

"Ah ?" dit Maria Dolorès, réservée certes, mais non sans une nuance de sympathie.

"Oui", dit John en jouant avec le feu et en y trouvant un mélange grisant de peur et de joie. "La femme que j'aime ne rêve pas que je l'aime, et rêve encore moins de m'aimer, ce dont le ciel me rend vraiment reconnaissant."

Le sentiment semblant improbable, Maria Dolores leva des yeux dubitatifs. Ils brillaient chez John ; il a bu leur lumière ; et quelque chose de violent arriva dans son sein.

"Oh-?" dit-elle.

"Oui", dit-il, pensant aux adorables petites mains qu'elle avait, alors qu'elles reposaient vaguement serrées sur ses genoux, pensant à quel point elles seraient chaudes et parfumées ; pensant aussi combien c'était amusant de jouer avec le feu, combien périlleux et excitant, et combien il devait lui paraître égoïste, et que rien au monde ne devrait l'empêcher de continuer la pièce. "Oui", a-t-il dit, "c'est une circonstance pour laquelle je dois être reconnaissant, car, comme Winthorpe lui-même, bien que pour des raisons différentes, je suis incapable d'envisager le mariage." Sa voix baissa tristement et il fit un mouvement triste.

"Oh-?" » dit Maria Dolores, sa sympathie devenant plus explicite.

« Winthorpe est trop puritain et je suis trop pauvre », dit-il.

"Oh," murmura-t-elle. Ses yeux s'adoucirent ; sa sympathie s'est transformée en compassion.

« Elle doit certainement me considérer comme l'égoïste le plus complaisant des deux hémisphères, afin de la régaler d'informations non sollicitées sur moi-même », pensa John ; "mais il faudrait sûrement six hémisphères pour produire une autre paire d'yeux aussi beaux que les siens." - "Oui", dit-il, "je lèverais les yeux si je demandais même à une mendiante de m'épouser."

Les beaux yeux de Maria Dolores sont devenus pensifs et compatissants.

"Mais les hommes pauvres travaillent et gagnent de l'argent", dit-elle, sur le ton qu'adoptent les jeunes femmes lorsque l'esprit les pousse à prêcher aux jeunes hommes. Et lorsque l'esprit les pousse à cela, les choses peuvent être considérées comme ayant avancé d'une distance appréciable, la balle peut être considérée comme roulant.

"C'est ce que j'ai entendu", dit John, la tête dans les nuages. "Ça doit être une affaire ennuyeuse."

Maria Dolores sourit faiblement. " *Tu* ne travailles pas ?" elle a demandé.

"Je n'ai jamais eu le temps", a déclaré John. "J'ai été trop occupé à profiter de la vie."

"Oh", dit Maria Dolorès avec l'intonation du reproche.

"Oui", dit-il, "en appréciant l' humour , le romantisme, la beauté de l'histoire, et en combinant les trois ensemble, en faisant un accord , vous obtenez la Divinité. Ou, pour prendre un plan inférieur, le monde est un scène, et la vie est le drame, je ne pourrais jamais arrêter de regarder et d'écouter assez longtemps pour faire un travail.

"Mais ne veux-tu pas jouer un rôle dans le drame, être un des acteurs ?" » demanda son aimable homélie. "Tu n'as aucune ambition ?"

"Pas un atome", avoua-t-il facilement. "Le rôle de spectateur me semble de loin le plus agréable. S'asseoir dans les gradins et regarder l'incroyable spectacle en désordre, son sens inverse défiant la raison , son apparat magnifique, sordide, larmoyant et joyeux, ses inconséquences imprudentes. , les impossibilités flagrantes ; regarder le Diable monter et descendre comme un lion affamé, et entendre les chérubins aux yeux jeunes chanter du ciel : quel meilleur divertissement le cœur de l'homme pourrait-il désirer ? »

"Mais sommes-nous ici simplement pour nous divertir ?" » prêchait-elle gentiment, tandis que les yeux bleus de John riaient un peu malicieusement, et il sentait mal qu'il ne puisse pas arrêter sa bouche rose-rouge avec des baisers. " Ne sommes-nous pas ici pour être, comme le dit l'expression démodée, utiles au monde ? De plus, maintenant que vous êtes amoureux, vous ne vous asseoirez sûrement jamais faiblement et direz : " Je suis trop pauvre pour me marier. ", et ainsi abandonnez votre amour, comme votre ami Winthorpe en effet, mais pour des motifs ignobles plutôt que nobles, vous vous mettrez sûrement au travail avec détermination, gagnerez de l'argent et rendrez possible le mariage. Sinon, votre amour doit être. une très mauvaise affaire. Et ses adorables petites mains, alors qu'elles reposaient (« comme des lys blancs », pensa John) sur le tissu vert pâle de sa robe, se détachèrent, s'ouvrirent grand un instant, montrant le rose pâle de leurs paumes, puis s'entrelacèrent à nouveau légèrement. leurs doigts.

Il rit. "Tu es délicieuse", lui dit-il avec ferveur, en silence. "Mon amour va bien", dit-il à voix haute. "Je l'aime autant qu'il est humainement possible d'aimer. Je l'aime avec passion, avec tendresse; avec adoration, avec désir; je l'aime avec émerveillement; je l'aime avec des soupirs, avec des rires. Je l'aime de tout ce que je et avec tout ce que je suis. Et je dois une chose à Winthorpe pour avoir involontairement ouvert les yeux sur ma condition. Mais j'ai l'impression que c'est difficile ?

"Tu n'as pas de métier ?" elle a demandé.

"Pas le fantôme d'un seul", dit-il avec nonchalance.

"Mais n'y a-t-il pas de métier qui vous attire et pour lequel vous sentez que vous pourriez avoir du goût ?" Ses yeux sombres étaient très sérieux.

"Pas le fantôme d'un seul", dit-il, dissimulant son amusement. "Les métiers, ne consistent-ils pas tous plus ou moins à rester enfermé dans des bureaux étouffants, parmi des casiers remplis de papiers poussiéreux et inutiles, à accomplir des tâches fastidieuses pour la plus grande gloire d'autrui, comme un esclave dans la cale d'une galère ? Non, si je dois travailler, je dois travailler à quelque chose qui me maintiendra au-dessus des ponts, quelque chose qui me maintiendra à l'extérieur, en contact avec l'air et la terre. Je pourrais devenir ouvrier agricole , mais c'est ça. pas très généreusement payé ; ou un agriculteur, mais cela nécessiterait peut-être plus de capital que ce que je pourrais avoir, et de toute façon, les bénéfices sont incertains. J'ai un oncle qui est un peu agriculteur, et année après année, je crois. il fait une perte. « Eh bien, que reste-t-il ?... Ah, un jardinier , je ne pense pas que cela me dérangerait d'être jardinier.

Maria Dolores avait l'air de ne pas savoir si elle devait ou non le prendre au sérieux.

"Un jardinier ? Ce n'est pas très bien payé non plus, n'est-ce pas ?" » suggéra-t-elle en essayant son terrain.

"Hélas, je n'ai pas peur", soupira John. Puis il fit une grimace grave. "Mais voudriez-vous que je sois entièrement mercenaire ? L'argent n'est pas tout ici-bas."

Maria Dolorès sourit. Elle comprit que, pour le moment, il ne fallait pas le prendre au sérieux.

"C'est vrai", acquiesça-t-elle, "même si je pensais que gagner de l'argent, afin de pouvoir vous marier, était votre seule motivation pour aller travailler."

"J'avais oublié ça", dit l'esprit léger. "Je pensais à des occupations qui permettraient de rester en contact avec la terre. L'occupation d'un jardinier le maintient constamment dans le contact le plus charmant possible avec elle et le plus intime."

"Est-ce qu'ils appellent la terre *elle* en anglais ?" demanda Maria Dolorès. "Je pensais qu'ils *l' avaient dit* ."

"Je crains que ce soit le cas pour la plupart", répondit John. "Mais c'est barbare de leur part, ce n'est pas filial . Notre vieille mère brune, imaginez lui refuser le mérite de son sexe ! Notre vieille mère brune et verte ; notre mère gentille et généreuse ; notre radieuse, notre mère royale, vieille et pourtant éternelle. , radieusement jeune. Regardez-la maintenant, " s'écria-t-il en faisant le tour du jardin avec son bras et en désignant le paysage plus éloigné, " regardez-la, brillante dans ses robes de perles et d'or, brillante et souriante, — on dirait une mariée dressée pour l'autel. Telle est sa variété infinie, son abondance infinie, son parfum et sa douceur, - oh, je pourrais tomber sur mon visage et l'adorer, comme un païen du vieux monde. tout ce qui pousse et vit sur elle, l'arbre en fleurs, l'oiseau chantant, je pourrais lui construire des temples.

"Et le serpent rampant ?" » lança Maria Dolores, une lueur au fond des yeux.

"Le serpent rampant", rétorqua rapidement Jean, "remplit une fonction des plus utiles. Il établit la *raison d'être* de l'homme. L'homme et son talon sont là pour écraser la tête du serpent."

Maria Dolores se pencha en arrière, riant doucement.

« Votre engouement pour la terre est si grand, dit-elle, votre bien-aimée, si elle s'en doutait, ne pourrait-elle pas être jalouse ?

"Non," dit John, "c'est la terre qui pourrait être jalouse, car, jusqu'à ce que je voie ma bien-aimée, elle était la maîtresse indivise de mon cœur. Pour le reste, ma bien-aimée jouit, sur ce point, toute ma confiance. Je ne lui ai rien caché.

"C'est bien", approuva Maria Dolores. "Et le ciel et la mer," riant toujours doucement, "demanda-t-elle, "n'ont-ils pas de place dans vos affections ?

"Le ciel est sa jeune fille fatiguante, et j'aime le ciel pour ça", a déclaré John. " C'est le ciel qui la revêt de ses vêtements multicolores et qui retient la lumière par laquelle sa beauté se manifeste. Et la mer est un joyau qu'elle porte sur son sein, un joyau magique d'où, avec l'aide du ciel , elle dessine la douce pluie qui est son parfum et son cosmétique « Parfumant la terre fertile après les douces douches ». Savez-vous que je pourrais presque tout pardonner au austère et détestable Milton à cause de ces sept mots. Ils montrent que dans le sens de l'odorat, il avait au moins un attribut d'humanité.

Les yeux sombres de Maria Dolores étaient interrogateurs.

"Le Milton austère et détestable ?" s'exclama-t-elle. "Pauvre Milton ! Qu'a-t-il fait pour mériter un tel anathème ?

"Ce n'est pas ce qu'il a fait, mais ce qu'il était", a déclaré John. " Qu'il était austère, personne ne le niera, austère, aigre et inhumain. Demandez à ses malheureuses filles qui souffrent depuis longtemps, si vous en doutez. *Elles* pourraient vous raconter des histoires. Mais il était pire. Il était scribe et pharisien, un vieux scribe et pharisien pragmatique , bien-pensant et penaud. Et il était encore pire, et encore pire encore — ce qui me semble aujourd'hui la pire chose qui soit — il était un puritain comme celui de Winthorpe . noir, glacé et vinaigré. Mais là , je ne dois plus abuser de Winthorpe , et je dois essayer de pardonner à Milton que Milton a écrit sept bons mots, et Winthorpe a involontairement ouvert les yeux d'un amoureux sur son état.

Il s'arrêta et lui sourit, et ses yeux bleus nouvellement ouverts (et très bleus) en disaient long. Ses yeux rêvaient sur le paysage, où il brillait de perles et d'or. Cependant, comme elle ne donnait aucun signe de trouver sa conversation ennuyeuse, il reprit courage et continua.

"Car quand il m'a raconté comment il avait mis son amour de côté, pour ne plus jamais la revoir, et comment à ce moment-là elle serait en train de nettoyer les sols (ou de prendre la discipline, peut-être ?) dans un couvent d' Ursulines , tout d'un coup, et sans aucune Sous l'action de la volonté de ma part, la vision d'une certaine femme s'est présentée à moi ; une femme que je connaissais un peu, que j'admirais énormément, que j'aimais beaucoup, mais dont je ne pensais pas un instant que j'étais sérieusement amoureux. involontairement, avec la vision d'elle devant moi, je me suis demandé si, *mutatis mutandis , j'aurais pu faire ce qu'il avait fait, et en un éclair j'ai vu que je ne pouvais pas, que, vu la richesse d'* Ormus et de l'Ind, je ne pouvais pas faire ce qu'il avait fait. ou est-ce que je l'abandonnerais, si une fois je l'avais. Ainsi, par ce signe, et par la colère inhabituelle avec laquelle son histoire m'a enflammé, " John, avec un épanouissement rhétorique, a péroré, " j'ai découvert que j'aimais. Et encore une fois, ses yeux en disaient long.

Les siens étaient toujours en perspective.

"Mais si tu la connais seulement un peu, comment peux-tu l'aimer ?" » demanda-t-elle d'une voix rêveuse.

"Est-ce que j'ai dit que je la connaissais seulement un peu ?" demanda John. "Je la connais beaucoup. Je la connais de bout en bout. Je sais qu'elle est de l'or pur, du cristal pur ; qu'elle est faite de toute musique, de toute lumière, de toute douceur, et de toute ombre, de tout silence et de tout mystère aussi, comme les femmes devraient l'être. Je sais que la terre n'a rien au-dessus d'elle. Je n'aime pas employer de superlatifs, alors, pour le dire sous la forme d'un euphémisme, je sais qu'elle est simplement et absolument parfaite. Si vous pouviez voir ses yeux, ses yeux profonds, spirituels, pleins d'humour, espiègles et innocents, avec l'âme qui brûle en eux, la passion qui dort. Si vous pouviez voir les masses noires et douces de ses cheveux et son front blanc. , et le rose pâle de ses joues, et le rose rouge de sa belle bouche souriante. Si vous pouviez voir sa silhouette élancée et forte, et la grâce et la fierté de sa tenue, la tenue d'une princesse impériale. on pouvait voir ses mains, elles reposent sur ses genoux comme des lys alanguis. Et sa voix, c'est la couleur de sa bouche et l'éclat de ses yeux rendus audibles. Et si vous pouviez vous murmurer son prénom mélodieux et trois fois adorable. Je la connais beaucoup. Quand j'ai dit que je ne la connaissais que peu, je voulais dire qu'elle ne me connaissait que peu, ce qui après tout, hélas, en pratique revient au même. »

Il avait parlé avec emphase, avec ferveur , son visage rose animé et plein d'intention. Maria Dolorès éloignait résolument de lui ses yeux doux et brillants, mais je pense que l'âme qui y brûlait (sinon la passion qui dormait) était vaguement troublée. *Qui pane d'amour* , comment dit le proverbe français ? Peut-être sentait-elle vaguement que les mers sur lesquelles ils naviguaient étaient périlleuses ? Quoi qu'il en soit, comme John le vit avec un cœur brisé, elle était sur le point de mettre fin à leur présente conjonction, elle se préparait à se lever. Il aurait donné des mondes pour lui donner un coup de main, mais (aussi riche en mondes) il était, pour l'occasion, pauvre en courage. Lorsque l'amour entre par la porte, l'assurance s'envole par la fenêtre. Alors elle se releva toute seule.

« Espérons, » dit-elle en lui lançant un regard dans lequel il perçut une lueur sourde comme une moquerie pas inamicale, « qu'elle saura bientôt mieux vous connaître.

"Dieu nous en garde!" s'écria-t-il avec une belle simulation d'alarme. "C'est sur son ignorance de mon véritable caractère que je fonde mes faibles espoirs de gagner un jour son estime."

Maria Dolores rit, hocha la tête et s'éloigna légèrement.

"Mon fils," se dit John, "tu es très près du vent. Tu ferais mieux d'être prudent."

Et puis il eut conscience d'un changement soudain dans les choses. Le jardin souriait autour de lui, la vallée en contrebas riait au vent, les bonnets noirs chantaient, les nombreuses fenêtres du château brillaient au soleil ; mais leur beauté et leur douceur avaient disparu et s'étaient retirées avec elle dans le long pavillon bas, aux murs blancs et au toit rouge. Il était conscient d'un changement soudain dans les choses et d'une soudaine et amère dépression en lui-même.

« Ce sont de grandes alouettes, dit-il ; " De grandes alouettes tant qu'elles durent, mais à quoi servent-elles finalement ? A quoi mènent-elles ? A quoi bon coqueter avec des bonheurs qui ne peuvent pas être les vôtres ? " Et il poussa un prodigieux soupir. "Quand vais-je la revoir ?" » demanda-t-il, et là-dessus il fut repris par sa vieille terreur — sa terreur d'hier, même si elle lui semblait une terreur qu'il avait connue toute sa vie — de ne plus jamais la revoir. "Ce n'est qu'une visiteuse. Qu'est-ce qui l'empêche de partir cette nuit même ?"

L'imagination était intolérable. Il entra dans la cour du Château, monta l'escalier d' honneur et parcourut les longues suites de grandes pièces vides, vides de tout sauf du souvenir du passé et des portraits des morts, là, s'il le pouvait, pour un temps à du moins, se perdre et l'oublier.

# V

"Qui est le jeune homme avec qui tu parles depuis si longtemps ?" demanda Mme Brandt lorsque Maria Dolorès entra dans son salon, une vaste pièce carrée et nue, avec un sol en marbre et un plafond peint, avec des stores vénitiens pour la protéger du soleil, et une odeur douce-amère, comme celle de l'hiver. du romarin ou je ne sais quelle autre herbe aromatique, sur son air frais.

"Oh ? Vous nous avez vu ?" » dit Maria Dolores en répondant à la question par une question.

"Je l'ai vu plusieurs fois, tous les jours pendant au moins une semaine", a déclaré Frau Brandt. "Mais je ne t'ai jamais vu parler avec lui auparavant. Qui est-il ?" C'était une petite vieille femme brune, de construction carrée, aux cheveux noirs, aux traits simples, portant un grand bonnet blanc amidonné et une robe fluide en soie noire. Elle était assise dans un fauteuil en chêne sans coussin près de la fenêtre, avec des tricots blancs dans ses mains brunes osseuses aux doigts arrondis et des lunettes cerclées d'écaille de tortue sur le nez. Mais les lunettes ne pouvaient cacher la bonté, la solidité ou la douceur qui jaillissaient de ses vieux yeux bruns maternels et honnêtes.

"C'est un jeune homme qui vit *en pension* au presbytère", dit Maria Dolorès, "un jeune Anglais".

"Donc?" dit Mme Brandt. "Quel est son nom?"

"Je ne sais pas", a déclaré Maria Dolores, avec un désengagement réel ou feint. "Son prénom, je crois, est John."

"Mais son nom de famille ?" insista Mme Brandt.

"Il s'agit probablement de Brown, Jones ou Robinson", a déclaré Maria Dolores. "Ou cela peut même être Black, Smith ou Johnson. La plupart des Anglais s'appellent l'un ou l'autre."

"Donc?" dit Mme Brandt. "Mais est-il prudent ou convenable que vous parliez familièrement avec un jeune homme dont vous ne connaissez pas le nom ?"

"Pourquoi pas?" demanda Maria Dolores en haussant les sourcils, comme surprise. "Il a l'air d'un jeune homme très inoffensif. Je ne pense pas qu'il me mangera. Et il est anglais, et j'aime les Anglais. Et il est intelligent, sa conversation m'amuse. Et il a de belles manières faciles et impétueuses. , — si différent de la formalité et de la retenue des jeunes hommes autrichiens. Qu'importe son nom ?

- 99 -

"Mais" (Frau Brandt leva d'un air impressionnant par-dessus ses lunettes, et sa voix était chargée de gravité, car elle était sur le point de poser à l'esprit teutonique une question d'une importance tout à fait suprême - "mais est-il noble ?" C'était pour elle quelle était, voire plus que quoi , la question : « Est-il respectable ? aurait été à une Anglaise.

Maria Dolorès a ri.

"Oh non," dit-elle. "Au moins, j'ai toutes les raisons de ne pas le croire, et j'espère sincèrement que non. Il appartient, je pense, à ce qu'on appelle en Angleterre la classe moyenne. Il a un oncle qui est agriculteur."

Les bons vieux yeux bruns de Mme Brandt la montraient profondément choquée et exprimaient une profonde répréhension.

"Mais vous lui parliez familièrement, vous lui parliez presque en égal", prononça-t-elle avec un accent retenu, avec un accent de consternation.

Maria Dolores éclata de nouveau de rire.

" C'est vrai, " acquiesça-t-elle gaiement, " et c'est exactement ce que je ne pourrais pas faire s'il *était* noble. Il faudrait alors que je me souvienne de nos positions respectives. Mais là où la différence de rang est si grande, on peut parler familièrement sans crainte. . *Californie n'engage à rien* ."

Mme Brandt hocha la tête pendant une bonne demi-minute, avec de nombreuses significations ; elle le hochait tantôt de haut en bas, puis le secouait latéralement.

"Je n'aime pas ça", dit-elle enfin. "Votre frère n'aimerait pas ça. Ce n'est pas convenable. Eh bien, Dieu merci, il n'est qu'Anglais."

"Oh, bien sûr", acquiesça Maria Dolores, "s'il était Autrichien, ce serait complètement différent."

"Mais est-ce juste envers le jeune homme lui-même ?" poursuivit Mme Brandt. "Est-il conscient qu'il fréquente une Altesse Sérénissime ? Vous le traitez comme un égal. Et s'il tombait amoureux de vous ?"

"En effet ! Mais il ne le fera pas", rit Maria Dolores, peut-être avec une réserve mentale.

"Qui peut le dire ?" dit Mme Brandt. "Ses yeux, quand il vous regardait, avaient une expression. Mais il y a un plus grand danger encore. Vous êtes tous les deux à un âge dangereux. Il est beau. Et si votre cœur s'intéressait à lui ?"

"Oh, dans ce cas," répondit légèrement Maria Dolores, le menton un peu en l'air, "je devrais l'épouser... s'il me le demandait."

"Quoi!" s'écria Mme Brandt en se levant à moitié de sa chaise.

"Oui", dit Maria Dolores, joyeusement sans enthousiasme. "C'est un homme élevé et instruit, même s'il n'est pas noble. Si j'aimais un homme, je ne devrais pas penser à sa naissance. J'en ai assez de toute notre insistance autrichienne sur la naissance, sur la naissance. et les cantonnements et les préséance. Si jamais j'aime, j'aimerai quelqu'un juste pour ce qu'il est, pour ce que Dieu l'a fait, et pour rien d'autre, si son père était cordonnier, si je l'aimais. Je l'épouserais." Le menton plus haut en l'air, elle avait toutes les apparences de vouloir dire ce qu'elle disait.

Frau Brandt s'était affalée sur sa chaise et hochait de nouveau sa vieille tête aux cheveux blancs.

"Oh, mon enfant, mon enfant", s'est-elle affligée. "Ne vous débarrasserez-vous jamais de ces fantaisies romantiques, hautaines, peu pratiques ? Tout cela vient de la lecture de poésie." Elle-même, bonne femme, ne lisait que ses prières.

"Oh, mon cher vrai Cœur", répondit Maria Dolores en riant. Elle traversa la pièce et posa affectueusement sa main sur l'épaule de Mme Brandt. "Ma très chère vieille nourrice ! Ne vous affligez pas. Ce n'est pas encore une question de réalité. Ne pleurons pas avant d'être blessés." Et elle se baissa et embrassa le vieux front brun de sa nourrice.

Mais ensuite, elle resta là à regarder par la fenêtre, très pensive, et resta ainsi longtemps ; et j'imagine qu'il y avait une lueur plus douce que jamais dans ses yeux doux et brillants, et peut-être une rose plus vive dans ses joues rose pâle.

"A quoi penses-tu si profondément ?" demanda Frau Brandt tout à l'heure.

Maria Dolorès se réveilla en sursaut, se détourna de la fenêtre et rit de nouveau.

"Oh, je pense au fils de mon cordonnier, bien sûr", dit-elle.

# VI

Annunziata, le cherchant pour lui annoncer que le souper était prêt, trouva John, assis dans sa chambre de dames mortes, les bras croisés, les jambes croisées, les yeux fixes, un froncement de sourcils sur son front couché ; son esprit apparemment captivé dans un bureau brun.

"Eh ! Prospero !" elle a appelé.

Là-dessus, il reprit ses esprits, leva les yeux, regarda autour de lui, changea de posture et finalement, se levant, chassa ses préoccupations dans un profond, profond soupir.

"Oh, quel soupir !" s'émerveilla Annunziata en faisant de grands yeux. "Pourquoi soupires-tu si fort?"

John la regarda et sourit.

"Je soupire après la fille de mon meunier, ma chère", dit-il.

Et, tout en la suivant au presbytère, il chantait tout bas :

*"C'est la fille du meunier ,*
*Et elle est devenue si chère, si chère, Que je serais le joyau Qui tremble à son oreille."*

# CINQUIÈME PARTIE

# je

C'était dimanche. C'était tôt le matin. Il pleuvait, une pluie fine, tranquille et déterminée, qui estompait les basses vallées et masquait entièrement les sommets des montagnes, de sorte qu'on avait du mal à ne pas douter un peu s'ils étaient encore là. À proximité, le jardin était comme si une fine toile d'argent avait été projetée dessus, pâle et sombre, où les surfaces humides reflétaient la lumière diffuse du jour. Et juste de l'autre côté du Rampio , sur la colline couverte d'oliviers qui s'élevait brusquement de son bord, un processus plutôt intéressant se déroulait : la fabrication de nuages, rien de moins. Le flanc de la colline, avec sa ronde de feuillage bleu-gris, restait un instant tout à fait nu et clair ; puis, à un point élevé, une brume commençait à se former, semblait bien sortir de la terre, comme la fumée d'un feu souterrain, une fumée blanche aux ombres nacrées ; s'épaissirait et s'étalerait; se rassemblaient et s'élevaient en une colonne en spirale irrégulière, s'enroulant, se balançant, en équilibre, comme s'il ne savait pas quoi faire ensuite ; et enfin, prenant tout à coup sa décision (comme on dirait un jeune ou un enfant prodigue !), il s'éloignait à la voile, en traînant les pieds, amorphe, dans un souffle de vent, laissant le flanc de la colline à nouveau dégagé ; — jusqu'à ce que, tout à coup, le processus recommencerait *da capo*

.

Jean et Annunziata, assis ensemble sur un banc de marbre à l'abri du grand cloître aux fresques fanées, à l'extrémité nord-est des bâtiments du château, observaient depuis quelques minutes en silence ce jeu d'éléments. Mais peu à peu Annunziata parla.

"Qu'est-ce qui fait que le nuage sort de la colline comme ça ?" » demanda-t-elle, ses yeux interrogeant anxieusement les siens. "J'ai vu cela se produire plusieurs fois, mais je n'ai jamais pu le comprendre. Il ne peut pas y avoir d'incendie en dessous ?"

"Si *vous* ne pouvez pas le comprendre, Maîtresse Sagesse," répondit John en lui souriant, "vous ne devez sûrement pas vous attendre à ce qu'une plume comme moi le comprenne. Entre nous, je ne crois pas que quiconque puisse vraiment le comprendre, même s'il y a des différences. une variété d'espèces humaines appelées scientifiques qui pourraient prétendre le faire. Tout cela fait partie de ce grand schéma de miracles par lequel le monde de Dieu continue, la Nature, que personne ne peut vraiment comprendre, du tout, tout ce que les types appelés scientifiques peuvent comprendre. Ce que je fais vraiment, c'est d'observer et de donner plus ou moins des noms aux miracles. Ils ne peuvent pas les expliquer ."

"C'est un grand plaisir de voir de telles choses", a déclaré Annunziata. "C'est une grande bénédiction de pouvoir voir un miracle s'opérer de ses propres yeux."

"Il en est ainsi", approuva John. "Et si vous gardez les yeux bien ouverts, il n'y a pas une minute de la journée où vous n'en voyez pas une."

"C'est très étrange", dit Annunziata, "mais quand le soleil brille, alors j'aime le temps ensoleillé et je suis heureux qu'il ne pleuve pas. Pourtant, quand il pleut, alors je trouve que j'aime aussi la pluie, que Je l'aime autant que le soleil, il est si frais, il sent si bon, les gouttes de pluie sont si jolies et elles font un si joli bruit là où elles tombent, et la lumière grise est si agréable.

"Nos amours", dit John, "sont toujours très étranges. L'amour est le plus grand miracle de tous. Il est encore plus difficile à expliquer que la formation des nuages sur le flanc d'une colline."

"Nous aimons les choses qui nous font plaisir", a déclaré Annunziata.

"Et les gens, parfois, qui nous font souffrir", a déclaré John.

"Nous aimons d'abord les gens qui nous sont apparentés", dit Annunziata, "et ensuite les gens que nous voyons beaucoup - tout comme j'aime d'abord mon oncle, puis toi et Marcella la cuisiner."

"Qui apporte l'inévitable veau", a déclaré John. "Merci, Honeymouth ." Il s'inclina et rit, tandis que les yeux graves d'Annunziata se demandaient de quoi il riait. "Mais ce n'est pas tout le monde", fit-il remarquer, "qui a votre petit casque solide et bien équilibré. Ce n'est pas tout le monde qui garde son amour si soigneusement enregistré, ou si sainement soumis à l'influence de C'est pour cette raison que certains d'entre nous aiment d'abord les gens qui n'ont aucun lien de parenté avec nous, et les gens dont nous n'avons presque rien vu et dont nous ne savons presque rien.

Annunziata secoua la tête avec dépréciation.

"C'est insensé d'aimer des gens dont on ne sait rien", a-t-elle déclaré de sa voix grave, avec l'air d'un jugement très sage.

"C'est vrai", dit John. "Mais que voudriez-vous ? Certains d'entre nous sont nés pour la folie, alors que les étincelles volent vers le haut. Vous voyez, il y a une grande différence entre l'amour et l'amour. Il y a l'amour qui est de l'affection, il y a l'amour qui est de l'amour de placard, et il y a l'amour qui n'est qu'amour-amour et rien d'autre. Le premier, comme vous l'avez bien observé, a ses racines dans la consanguinité ou l'association, le second dans un vif espoir de conflits futurs, et l'un ou l'autre est suffisamment explicable. Mais le troisième. a apparemment ses racines dans le simple hasard et l'absence de cause , et n'est explicable par aucun moyen, et pourtant est de loin le plus violent des trois. Il tombe comme l'éclair des nuages et frappe qui il veut, même si je le mélange. mes métaphores sans peur, comme un homme, j'ai confiance, avec ton intuition féminine, tu me suis ?"

"Non", dit Annunziata sans scrupule, les yeux fixés au loin. "Je ne sais pas ce que tu veux dire."

"Dieu merci, vous ne le ferez pas, priez pour que ce ne soit jamais le cas", a déclaré son amie sans importance. "Car l'amour-amour est une peste. Vous rencontrez une personne, par exemple, dans un jardin. Vous ne savez rien d'elle, pas même son nom, même si vous craignez que ce ne soit Schmidt. Vous ne la rencontrez qu'une demi- douzaine de fois . tout est dit. Et soudain, un matin, vous découvrez qu'elle est devenue pour vous la personne de première importance au monde. Elle vous est pratiquement étrangère, elle est d'une autre nationalité, d'un autre rang, et pourtant elle est infiniment. la personne la plus précieuse et la plus importante au monde. Lorsque vous êtes absent d'elle, vous ne pouvez rien faire d'autre que penser à elle, vous réjouissant des affres de la douleur aromatique au souvenir de votre dernière rencontre avec elle, aspirant avec une soif de votre prochaine. Le moindre battement de sa robe, la modulation de sa voix, le regard de ses yeux feront palpiter votre cœur. Vous regardez en direction de la maison qu'elle habite, et vous ressentez les émotions d'un Péri regardant la porte. d'Eden. Et cela vous procure une sorte de joie étrange et étrange de parler d'elle, même si, bien sûr, vous prenez soin d'en parler en termes voilés, obliquement, afin que votre auditeur ne devine pas *de qui* vous parlez. En bref, elle est le but ultime de votre existence, et vous ne connaissez même pas son nom, même si vous craignez que ce ne soit Schmidt.

Il se laissa tomber à l'aise sur le banc de marbre et fit tournoyer ses moustaches jaune-rouge, sans fantaisie.

"Mais tu connais son nom", dit simplement Annunziata, de sa voix la plus grave, en le tenant avec un regard clair et sérieux qui semblait presque reprochable. "Elle s'appelle Maria Dolores."

La chose était assez inattendue. Pourquoi se demander si cela a mis mon héros hors de contenance ? Son attitude devint rigide, sa peau rose trois tons plus rose ; ses yeux bleus la regardèrent, surpris. Alors pendant une seconde ; puis il se détendit et rit, rit longuement et de bon cœur, peut-être un peu méchamment aussi, à ses dépens. ... Mais il doit essayer, s'il le peut, de réparer les dégâts.

"Ma pauvre enfant", dit-il en posant sa main sur ses boucles et en les lissant doucement. "Vous êtes ce que les Français appellent un *enfant terrible* . Vous êtes ce que les Anglais appellent un petit cornichon bien piquant. Et je dois essayer, si je peux, sans vraiment mentir, de vous persuader que vous vous trompez complètement, complètement et absolument. "... il éleva la voix, pour plus de conviction, - " et que son nom ne ressemble en rien de loin au nom que vous avez prononcé, et qu'en fait son nom est Mme Harris, et qu'en fin de compte, une telle personne n'existe pas, et que je parlais simplement de manière hypothétique, abstraitement ; je dois dessiner un hareng sur le sentier, je dois soulever une poussière et en jeter une grande quantité dans vos petits yeux incroyablement clairvoyants. Maintenant, cela vous a-t-il définitivement impressionné qu'elle. ce nom *n'est pas* ... le nom trois fois adorable que vous avez mentionné ? »

"Je pensais que oui", répondit Annunziata. "Je suis désolé que ce ne soit pas le cas." Et puis elle a écarté le sujet. "Regardez, il pleut plus fort. Voyez comme la pluie tombe en longs chapelets de perles, voyez comme c'est comme un réseau de longs chapelets de perles de verre tombant dans l'air. Quand la pluie tombe comme ça, cela signifie que quand la pluie cessera, il fera très chaud demain.

La cloche de l'horloge sonna sept coups solennels ; puis la cloche de l'église, au ton plus clair et à la langue plus agile, se mit à sonner.

"Viens", dit péremptoirement Annunziata en se levant d'un bond. "Masse."

Elle tendit la main, prit celle de John et, comme une mère, conduisit le jeune homme doux et inconditionnel à ses devoirs.

# II

, il n'existe pas d' inventions hérétiques comme les bancs de l'église paroissiale de Sant'Alessina . Vous vous asseyez sur des chaises orthodoxes à fond en jonc, vous vous agenouillez sur des pierres nues orthodoxes. Mais du côté de l'épître de l'autel, à une hauteur d'environ un mètre du trottoir, il y a un renfoncement dans le mur, entouré d'une balustrade en marbre et tendu de rideaux rouges délavés, qui ressemble, j'en ai peur, à un elle ressemble beaucoup à une loge particulière de théâtre, et est en fait la tribune réservée aux maîtres du Château. (Autrefois, ces maîtres étaient les Sforza . Ainsi, depuis cette tribune, les membres de cette race de fer et de sang, de férocité et de ruse, ont assisté au sacrifice mystique de l'Agneau de Dieu !) Jusqu'à présent, pendant la résidence de Jean au presbytère, la tribune était restée vacante. Aujourd'hui, elle était occupée par Maria Dolores et Frau Brandt. Maria Dolores, au lieu de porter un chapeau, avait adopté l'ancien et bel usage de draper un long voile de dentelle noire sur ses cheveux noirs.

John s'est agenouillé au milieu de l'église, au milieu des villageois en haillons, sales et peu recommandables . La messe terminée, il retourna au cloître et là, face à face, il rencontra la dame de ses rêves.

Elle inclina gracieusement la tête.

"Bonjour", dit-elle en souriant, d'une voix qui lui parut pleine de fraîcheur matinale.

"Bonjour", répondit-il, se demandant si elle pouvait entendre les tremblements de son cœur. "Mais, en toute honnêteté, c'est plutôt une mauvaise matinée, n'est-ce pas ?" » Soumit-il, posant la tête selon un angle dubitatif et réfléchi, qui semblait élever la question à un niveau de portée philosophique.

"Oh, avec ces cloîtres, il ne faut pas se plaindre", dit-elle en jetant un regard indicatif autour de lui. "On peut encore être dehors sans avoir l'eau qu'on mérite. Et la vue est si belle, et ces vieilles fresques fanées sont si drôles."

"Oui", dit-il, son esprit, pour l'instant, dans un état d'animation suspendue. "La vue est belle, les fresques sont drôles."

Elle avait l'air de penser à quelque chose.

" Ne trouvez-vous pas cela, " demanda-t-elle au bout d'un moment, avec un léger froncement de sourcils perplexe , " un peu désagréable d'entendre la messe d'où vous venez ? "

John avait l'air vide.

"Désagréable ? Non. Pourquoi ?" Il a demandé.

"Je pense qu'il pourrait être désagréable d'être encerclé et bousculé par ces gens extraordinairement en haillons et sales", a-t-elle expliqué. "C'est dommage qu'ils ne se nettoient pas un peu avant de venir à l'église."

" Ah ! oui, " acquiesça-t-il, " un peu de nettoyage ne leur ferait pas de mal ; c'est bien sûr. Mais, " expliqua-t-il pour s'atténuer, " ce n'est pas l'usage du pays, et le fait que ce soit le cas. Cela a sa bonne et sa mauvaise signification. C'est l'un des nombreux signes de l'authenticité démocratique et populaire de l'Église en Italie, comme elle devrait l'être partout. Elle est ici essentiellement l'Église du peuple, l'Église. des pauvres. C'est le seul endroit où l'homme le plus pauvre, dans tous ses haillons et avec la terre de son travail sur lui, se sent parfaitement à l'aise, parfaitement chez lui, parfaitement égal au plus riche. une marchande puante, son panier au bras, se sentira libre de prendre place à côté de la grande dame, dans ses fourrures et ses velours, et même de lui demander, d'un coup de coude, de s'avancer et de faire de la place à celle-là. est comme il se doit, n'est-ce pas ? »

"Sans doute, sans doute", approuva Maria Dolorès, commençant à faire les cent pas sur le pavé de marbre taché de lichen (teint comme par la main d'un artiste, en veines ondulées de jaune ou de vert pâle, avec ici et là petites rosettes écarlates), tandis que John restait à côté d'elle. "Tout de même, je n'aimerais pas m'agenouiller tout à fait au milieu de la foule, comme vous le faites."

"Vous êtes une femme délicate et sensible", lui rappela-t-il. "Je suis un homme, moyennement dur. Cependant, je dois admettre que jusqu'à récemment, j'avais exactement votre sentiment. Mais j'ai reçu une leçon." Il s'interrompit et eut un petit rire vague, vaguement triste, comme à un souvenir pas tout à fait agréable.

"Quelle était la leçon ?" elle a demandé.

" Eh bien, dit-il, si vous voulez savoir, c'était ceci. La première fois que j'ai assisté à la messe ici, voulant éviter les gens, j'ai cherché un coin éloigné de l'église, derrière un pilier, où il y avait personne. Mais aussitôt que je me fus bien installé là-bas, un vieil homme difforme et boiteux s'est levé et s'est blotti à côté de moi, si près que nos manches de manteau se sont touchées, je pense que c'était le vieillard le plus repoussant. l'homme que j'ai jamais vu ; il était certainement le plus sale, le plus crasseux, et ses haillons étaient d'une saleté extravagante. Je vous épargnerai un portrait plus circonstancié. Et pendant toute la messe, j'étais malade de dégoût et endolori de ressentiment. frotter sa manche de manteau contre la mienne, alors qu'il y avait suffisamment de place pour lui ailleurs. La prochaine fois que je suis allé à l'église, j'ai choisi un coin différent, aussi éloigné que possible de mon ancien ; mais encore une fois, à peine me suis-je senti bien ; installé, puis, voilà, le même vieillard indescriptible boitait et s'agenouillait avec moi, joue contre joue. Et ainsi, si vous pouvez le croire, la prochaine fois, et ainsi la suivante. Peu importe où je me plaçais, là, il était sûr de se placer aussi. Vous supposerez que, outre mon agacement, j'étais extrêmement perplexe. Pourquoi devrait-il me poursuivre ainsi ? Qui était-il? Que cherchait-il ? Et pour m'éclairer, je me suis adressé à Annunziata. « Qui est le vieil homme hideux qui s'agenouille toujours à côté de moi ? Je lui ai demandé. Elle n'avait remarqué personne agenouillé à côté de moi, dit-elle ; elle avait remarqué au contraire que je m'agenouillais toujours seul, à distance. «Eh bien, dis-je, gardez les yeux ouverts aujourd'hui et vous verrez l'homme dont je parle.» Nous sommes donc allés à la messe, et bien sûr, à peine avais-je trouvé un endroit isolé, que mon vieil ami est apparu et m'a rejoint, plus sale et plus hideux et si possible plus difforme que jamais.

"Oui?" » dit Maria Dolores avec intérêt, alors qu'il s'arrêtait.

"Quand nous sommes sortis de l'église, j'ai demandé à Annunziata qui il était", a poursuivi John. "Et elle a dit que, bien qu'elle eût gardé les yeux ouverts, selon mon injonction, elle n'avait vu personne agenouillé à côté de moi, qu'au contraire elle m'avait vu", conclut-il avec une insouciance qui n'était visiblement pas grave. assumé pour sa valeur dramatique, « à genoux seul, à distance de tous ».

Le visage de Maria Dolores était blanc. Elle fronça les sourcils, mystifiée.

"Quoi!" s'exclama-t-elle d'une voix à moitié effrayée.

"C'est précisément l'éjaculation qui est tombée de mes propres lèvres à ce moment-là", a déclaré John. "Puis je lui ai fait une description minutieuse du vieil homme, dans toute sa laideur. Et puis elle m'a donné ma leçon."

"Oui ? Qu'est-ce que c'était ?" demanda Maria Dolorès, vivement intéressée.

"Parlant dans sa veine oraculaire, ses yeux très grands, son visage très grave, elle m'a assuré que mon horrible vieillard n'avait aucune existence objective. Elle m'a informé joyeusement et calmement qu'il était une image de ma propre âme, comme il se doit. est apparu, corrompu, vieilli et déformé par les péchés de toute une vie, à Dieu et aux saints. Et elle a ajouté qu'il était envoyé pour me punir de mon orgueil de me penser différent des gens ordinaires et de chercher à me tenir à l'écart. Depuis lors," John a mis un terme à son anecdote, "je me suis toujours agenouillé dans le corps de l'église et je n'ai plus jamais revu mon Doppelgänger."

Maria Dolores resta un moment silencieuse. Ils étaient arrivés à l'extrémité sud du cloître, où les contreforts des murs du château, tous hirsutes recouverts d'une végétation luxuriante de plantes grimpantes, tombent précipitamment sur la face abrupte d'une falaise naturelle. Ils s'arrêtèrent ici et regardèrent au loin. La pluie avait résisté, même si la vallée était encore brumeuse de ses vapeurs . Des bouffées d'air veloutées, chaudes et douces, soufflaient sur leurs visages, remuaient légèrement les cheveux noirs autour de son front et, attrapant le bord fleuri de sa mantille de dentelle noire, la faisaient flotter.

— C'est une très bonne histoire, dit-elle tout à coup avec un regard sobre derrière lequel il y avait une lueur de rire. "Au vu de cela, cependant, je suppose qu'il ne servira à rien de vous transmettre un message dont je suis chargé pour vous de la part de mon amie Frau Brandt."

"Oh?" questionna Jean. "Quel message?"

« Frau Brandt a reçu du propriétaire du Château le privilège d'entendre la messe à la tribune ; et elle a souhaité que je vous invite désormais en son nom à entendre la messe de là avec nous. Mais je suppose, compte tenu de votre « leçon », " C'est une invitation que vous refuserez ? " L'éclat du rire brillait plus fort dans ses yeux, et sa bouche avait un petit plissement, aimablement moqueur.

John la regarda, ses yeux bleus audacieux.

« C'est une invitation que je suis terriblement tenté d'accepter », dit-il d'une voix d'émotion non dissimulée, d'une signification évidente ; et sous son regard audacieux, ses yeux sombres se sont baissés, tandis que je pense qu'une légère rougeur a balayé ses joues. "Et tout d'abord," ajouta-t-il, "je vous prie d'exprimer à Mme Brandt mes remerciements reconnaissants pour cela - et permettez-moi également de vous remercier de votre gentillesse en le transmettant. Si, malgré ma tentation, je *ne l'* accepte pas , ce sera pour une raison très particulière, et qui n'a aucun rapport avec ma « leçon ».

Maria Dolores connaissait probablement le danger. Elle se retourna et commença à marcher à reculons, vers l'endroit où l'on peut passer du cloître, par la grande porte cochère , dans le jardin, et ainsi jusqu'au pavillon au-delà de l'horloge. Elle connaissait probablement le danger ; mais elle était humaine, mais c'était une femme. En outre, elle avait atteint la porte cochère et disposait ainsi d'un moyen de fuite clair. Alors, s'arrêtant ici, "Quelle est la raison très particulière ?" » demanda-t-elle à voix basse, gardant ses yeux éloignés des siens.

Les siens étaient plus audacieux que jamais. Une admiration infinie pour elle brûlait en eux, un plaisir infini pour elle, un désir pour elle ; en même temps, une sorte de désespoir colérique les obscurcissait, et une sorte d'amusement amer, comme celui de quelqu'un qui s'amuse de sa propre triste situation.

"J'aimerais être riche", s'exclama-t-il avec irritation entre ses dents.

"Oh ? Est *-ce que c'est* une raison très particulière ?" demanda-t-elle avec deux notes de rire.

"Non," dit-il, "mais ça a un rapport avec ça. Tu vois, je suis amoureux."

"Oui", dit-elle. "Je me souviens que tu me l'as dit."

"Eh bien, j'aimerais être riche", dit-il. "Alors je pourrais avoir le courage de demander à la femme que j'aime d'être ma femme."

"L'argent n'est pas tout ici-bas", dit-elle. "J'ai ton propre mot pour ça."

« Qu'est-ce qui compte d'autre, dit-il, quand vous voulez demander à une femme de vous épouser ?

"Oh, beaucoup de choses", dit-elle. "Différence de rang, par exemple."

"Cela ne compterait pas pour moi", dit généreusement le démocrate. "Je ne devrais pas me soucier des différences de rang."

Maria Dolores sourit – de ses réflexions secrètes, je suppose.

"Mais la pauvreté met cela hors de question", poursuivit John d'un air maussade. "Je ne pourrais pas demander à une femme de venir partager avec moi un revenu de six pence par semaine. D'autant que j'ai des raisons de croire qu'elle est elle-même plutôt aisée. Oh, j'aimerais être riche !" Il répéta cette aspiration dans un gémissement.

"Pauvre, pauvre jeune homme !" elle le plaignait, tandis que ses yeux, qu'elle tenait obstinément détournés, étaient doux de sympathie et gais de gaieté. "Quand commences-tu ton jardinage ?"

"Oh, ne te moque pas de moi !" s'écria-t-il avec un geste suppliant. « Vous savez, plaisanterie à part, que c'est un jeu d'enfant pour un homme de mon âge, sans profession et sans talent particulier, de croire qu'il peut s'adresser et gagner de l'argent. Je le pourrais, si je faisais des efforts surnaturels et si la fortune me sortait. de sa façon de me favoriser , ajoutez au maximum six pence supplémentaires à mon budget hebdomadaire. Non, il n'y a jamais d'espoir pour moi sur mer ou sur terre, je dois même le supporter, même si je ne peux pas sourire.

" Ah, eh bien, " dit Maria Dolorès pour le réconforter, " ces attaques, j'ai lu, sont souvent aussi courtes que vives. Espérons que vous vous remettrez bientôt de celle-ci. Combien de temps ont-elles généralement duré en le passé?"

Le visage de John s'assombrit à cause des reproches ; le bleu marine de ses yeux, l'or de ses cheveux et de sa barbe, le rose de son teint s'assombrissait visiblement.

"Vous êtes si inutilement méchant", dit-il, "que vous ne méritez pas d'entendre la vraie réponse à votre question."

Elle étudia la fresque à moitié effacée sur le mur à côté d'elle.

"Tout de même," dit-il, "vous l' *entendrez* . Si tomber amoureux était mon habitude, je ne le prendrais sans doute pas si mal. Mais la simple vérité, quoique j'aie trente ans, c'est que j'ai jamais auparavant n'a ressenti autant de battement de cœur pour aucune femme. Et, depuis que vous citez votre lecture, *j'ai* lu qu'un feu qui peut simplement brûler la surface du bois vert, consumera entièrement le bois sec.

Elle a continué à étudier la peinture ancienne. Ses doigts jouaient avec les extrémités de son voile de dentelle.

"D'ailleurs," poursuivit-il, "si j'avais été amoureux une douzaine de fois, cela n'aurait aucune signification. Car j'aurais dû être amoureux de femmes humaines ordinaires et habituelles. C'est la seule sorte que j'aie jamais rencontrée - jusqu'à ce que je Je l'ai rencontrée. Elle est d'un ordre totalement différent – aussi distinct d'eux que... Que dois-je dire ? Oh, aussi différent d'eux que le feu des étoiles est différent de l'argile terne – le feu des étoiles – son merveilleux feu d'étoiles brûlant en blanc. l'esprit, c'est ce qui frappe le plus en elle. Cela brille à travers elle. Cela brille dans ses yeux, cela brille dans ses cheveux, ses cheveux adorables, doux, bruns, chauds et parfumés, cela brille dans sa voix même ; dans chaque mot qu'elle prononce, même les plus méchants.

"Cher moi ! quelle personne alarmante et rayonnante vous représentez !" » rit Maria Dolores, les yeux toujours rivés sur le mur.

"Je n'ai aucun don pour la peinture de mots", a déclaré John; " même si je doute que les mots aient encore été inventés pour peindre convenablement ma dame. Elle grandit en beauté de jour en jour. C'est un fait littéral : chaque fois que je la vois, elle est perceptiblement plus belle que la précédente, plus convaincante en amour. dans sa beauté. Mais c'est une chose impossible à peindre, indescriptible, aussi indescriptible que le parfum d'une rose. Oh, pourquoi n'en ai-je pas cinq mille par an ?

"Vous insistez si constamment sur votre désir d'argent", suggéra Maria Dolores, "on pourrait en déduire qu'elle était une marchandise, à acheter et à vendre. Vous commencez par le mauvais bout. À quoi vous serviraient cinq ou cinquante mille dollars par an, si tu n'avais pas commencé par gagner son amour ?

"Non, je commence par la bonne fin, pire chance," répondit John, sombre. "Car, sans un revenu décent, je n'ai même pas le droit d'essayer de gagner son amour.

" Et ceci étant, " demanda Maria Dolorès, " j'espère que vous évitez consciencieusement sa société, ou que, lorsque vous vous rencontrez, vous vous rendez constamment désagréable avec elle ?

"De telles précautions ne sont pas nécessaires", répondit John. "Il n'y a aucune crainte pour elle. Elle me considère comme une connaissance occasionnelle et passagère. Je ne me rends donc pas plus désagréable que je ne le suis par nature. Et si j'évitais sa société, (ce que je suis loin de faire), ce ne serait pas pour elle, mais pour moi-même. Car, bien que sa société soit pour moi une sorte d'anticipation des joies du Ciel, quand je le quitte et me retrouve seul, la réaction est morne au degré superlatif et la peur, qui me hante perpétuellement (car je ne sais rien de ses projets), de peur de ne plus la revoir, est angoissante comme un avant-goût de... Oh, je l'aime !

Il fit, involontairement j'ose dire, un pas dans sa direction. Elle se retira sous la voûte de la *porte cochère* .

« Vous semblez, commenta-t-elle, vivre une expérience émotionnelle considérable, que vous trouverez sans doute un jour utile. Pourquoi ne pas, au lieu d'être jardinier, vous lancer comme romancier ou poète ? Voici un matériau que vous pourriez ensuite utiliser. estimer."

"Ah, vous voilà," se plaignit-il piteusement, "vous vous moquez encore de moi. Ah, eh bien, si vous devez rire, ayez-le et soyez les bienvenus. Un homme peut apprendre à prendre l'amer avec le doux."

"Pour vous épargner cet inconfort", dit-elle en s'enfonçant plus profondément dans l'arcade, tandis que le visage de John tombait, "je vais vous dire au revoir. Je dois donc vous signaler que vous déclinez l'invitation de mon ami avec remerciements ?"

"Avec mes remerciements les plus reconnaissants", a-t-il pu répondre avec intensité, malgré son désarroi face à l'imminence de son départ.

"Et pour une raison bien particulière ?" » elle répondit, maintenant, soudainement, pour la première fois depuis qu'ils avaient touché une fine couche de glace, en lui jetant un coup d'œil.

C'était le plus fugitif des regards fugitifs, il était joyeux et ironique, mais il y avait quelque chose en lui qui faisait briller une flamme dans ses yeux bleus.

"Pour la raison toute particulière", répondit-il avec véhémence, "que je crains la présence près de moi de..." Il retint sa respiration une seconde, la flamme dans ses yeux l'enveloppant ; puis, avec un brusque changement de ton et de mine, il termina : « ... de Frau Brandt pourrait détourner mon attention du sermon.

Elle a ri et a dit : « Au revoir. »

"Au revoir", dit John. Et lorsqu'elle fut à mi-chemin du passage en forme de tunnel, "Je suppose que tu sais que tu m'abandonnes à un jour aussi stérile que le désert du Sahara ?" il l'a appelée.

"Oh, qui peut dire ce qu'un jour peut apporter ?" l'appela-t-elle, mais sans se retourner.

Pendant un long moment, les facultés de John furent occupées, essayant de déterminer s'il s'agissait d'une promesse, d'une menace ou d'un simple mot en l'air.

# III

« Pluie avant sept heures, clair avant onze heures » est aussi vrai, ou aussi faux, en Lombardie que dans d'autres parties du monde. La pluie avait résisté, et maintenant, selon cette phrase pleine d'entrain de Corvo , « voici mon seigneur le Soleil venu », mettant magnifiquement en fuite les nuages, ou les enchaînant, transfigurés, aux roues de son char ; revêtir les hauts sommets enneigés d'une gloire rosée (cela semblait en quelque sorte, je ne sais pourquoi, accentuer leur solitude et leur éloignement) ; inonder la vallée d'ambre éthéré ; transformant le Rampio gonflé en une rivière de feu tandis que les flancs des collines les plus proches, les bois d'oliviers, les arbres du jardin du Château, brillaient d'un million de millions de cristaux, et les pétales des fleurs étaient aux pointes de cristal ; tandis que le souffle de la terre s'élevait en longues banderoles d'encens lumineux, et que le ciel brillait de toutes les teintes de bleu tendres et brillantes, depuis le bleu des pâles oubliettes jusqu'au bleu du pied d'alouette.

John, contemplant ce spectacle (et pensant à Maria Dolores ? tournant toujours ses adieux énigmatiques ?), tout à coup, alors que son œil se posait sur le miroitement au fond de la vallée qu'il savait être le lac, leva la main et applaudit. son front. "Par Jupiter," murmura-t-il, "si je n'étais pas à deux doigts de l'oubli pur et simple !" La vue du lac lui avait heureusement rappelé qu'il était engagé aujourd'hui à déjeuner avec dame Blanchemain à Roccadoro .

Il trouva Madame, dans une robe aux tourbillons concentriques de volants blancs impeccables, brandissant vigoureusement un éventail et se plaignant de la chaleur. (En effet, comme Annunziata l'avait prédit, il faisait nettement plus chaud.) "Je m'envolerai si cela continue ; je volerai directement en ville et mettrai ma maison en ordre pour la saison. Quand venez- *vous* ?" » demanda-t-elle en lui souriant de ses vieux yeux bienveillants.

"Je ne viens pas", répondit John. "J'aime bien la ville en automne et en hiver, quand il fait trop sombre pour en voir la laideur, mais sauve-moi d'elle dans la claire lumière de l'été."

"Fudge", dit Lady Blanchemain . "Londres est la plus belle capitale d'Europe, elle est grandiose. Et c'est le seul endroit où il y a du monde.

"Oui", dit John, "mais, comme à Nice et à Homburg, il y a trop d'entre eux qui sont Anglais. Et il y a une dispersion libérale, j'ai entendu dire, de Juifs ?"

"Oh, les Juifs vont bien, quand ils ne sont pas juifs ", dit Lady Blanchemain avec magnanimité. "J'en connais de très gentils. J'espérais plutôt que tu serais présent dans mes dimanches après-midi."

"Je ne suis pas un homme du monde", a déclaré John. "Je n'ai aucune aptitude moi-même à être condescendant ou crapaud, et je n'aime pas particulièrement être condescendant ou crapaud."

« Est-ce le début et la fin de la vie sociale en Angleterre ? » s'enquit Lady Blanchemain , délicatement sarcastique.

"Comme je l'ai vu, oui", affirma John. « Le début, la fin et le milieu de la vie sociale en Angleterre, comme en Crim -Tartary, est le culte de la plus longue natte, un fétichisme tantôt plus grossier, tantôt plus subtil, tantôt délibéré, souvent inconscient et instinctif. que sa natte est soit plus longue, soit plus courte que la vôtre, et qu'en conséquence, plus ou moins subtilement, grossièrement, inconsciemment ou délibérément, elle se pavane ou plie le genou. C'est un état de choses que j'ai essayé en vain de trouver divertissant.

"C'est un état de choses que vous constaterez assez bien partout où l'espèce humaine se reproduit", a déclaré Lady Blanchemain . "La seule différence sera de savoir ce qui constitue la natte. Et restez-vous donc à Sant'Alessina ?
"

"Pour le moment", répondit John.

"Jusqu'à-?" elle a interrogé.

"Oh, eh bien, jusqu'à ce qu'elle me renvoie ou qu'elle se quitte", dit-il, "et ainsi mon paradis de fous atteint sa fin inévitable."

Lady Blanchemain éclata de rire – un long rire tranquille de contentement amusé.

"Viens déjeuner," dit-elle en posant sa douce main blanche sur son bras, "et raconte-moi tout ça." Et quand ils furent installés à sa table, une table ronde, pleine de fleurs, dans une fenêtre au fond de la fraîche salle à manger pavée de terazza et aux colonnes en stuc de l'hôtel Victoria, "Pourquoi appelez-vous cela une Paradis de fou?" elle a demandé.

"Eh bien, tu vois, je suis amoureux", dit-il.

"Vous êtes vraiment?" » douta-t-elle, avec vivacité, l'air joyeuse.

"Vraiment trop," lui assura-t-il d'une voix grave.

"Quelle vieille sorcière j'étais !" songea-t-elle avec satisfaction. "Acceptez mes sincères félicitations." Elle rayonnait sur lui.

— Je préférerais vos condoléances, dit-il d'une voix profonde.

" *Allons donc !* Rassurez-vous, dit-elle en riant avec son bonheur. Des hommes sont morts et des vers les ont mangés, mais pas par amour.

"Je me demande", dit John. "C'est une affirmation, me semble-t-il, qui mériterait d'être prouvée."

« En tout cas, dit-elle, vous n'êtes pas encore mort.

"Non", avoua-t-il; "même si je pourrais presque souhaiter l'être."

"Voulez-vous dire qu'elle vous a définitivement rejeté ?" » demanda-t-elle, alarmée.

"La fortune lui a épargné cette nécessité", a déclaré John. "Je ne lui ai pas demandé et je ne le ferai jamais. Je n'ai pas d'argent."

« Pooh ! C'est tout ? se moqua madame, soulagée. "Vous avez des perspectives."

"Les plus éloignés, mieux c'est. Je ne compte pas sur les chaussures des morts", a déclaré John.

"Comment vous appelle votre petite voyante du Château ?" » demanda astucieusement Lady Blanchemain , ses vieux sourcils noirs relevés.

"Elle m'appelle *Lucus a non Lucendo* ", fut la réponse rapide de John ; et la dame a ri.

Mais en un instant, elle fit une grimace. "Je vous conseille sérieusement d'avoir plus de foi", dit-elle. " Rentrez chez vous et demandez-lui de vous épouser ; et si elle accepte, vous verrez. L'argent viendra. D'ailleurs, votre rang et votre futur rang sont des atouts que vous avez tort de ne pas ajouter à la balance. Rentrez chez vous et proposez-lui de vous épouser ; et si elle accepte, vous verrez. à elle."

« Cela ne servirait à rien », dit John avec découragement. — Elle me regarde avec une indifférence imperturbable. Je lui ai fait les aveux les plus enflammés, et elle n'a jamais bronché.

Lady Blanchemain parut déconcertée. « Vous avez fait des aveux... ? » » répéta-t-elle en hésitant.

"Je devrais plutôt le penser", affirma John. " Des indirects, bien sûr, et j'espère inoffensifs, mais ardents comme des charbons ardents. À la troisième personne, vous savez. Je lui ai donné deux et deux ; elle a, soyez-en sûr, assez de connaissances en mathématiques pour mettre " les ensemble."

"Et elle n'a jamais bougé d'un cheveu ?" la dame s'émerveilla .

"Elle s'est moquée de moi, elle s'est moquée de moi, elle a ri et est partie", a-t-il déclaré.

"Elle est probablement amoureuse de vous", dit Lady Blanchemain . "Si une femme écoute, si une femme rit ! Si vous ne lui proposez pas maintenant, après avoir pris au piège ses jeunes affections, vous serez quelque chose de pire que le méchant noble des chansons et des histoires."

"Oh, eh bien," répondit John, conciliant, "j'ose dire que certains de ces jours, une proposition échappera au moment où j'en ai le moins l'intention. J'aurai donc fait la chose honorable - et je suis sûr que je peux lui faire confiance pour jouer." juste et dites-moi non.

Lady Blanchemain secoua lentement la tête. "Je suis heureuse que tu ne sois pas *mon* amant", murmura-t-elle avec dévotion en faisant jouer son éventail.

"Oh, mais je le suis", s'écria John avec un salut et un éclair admiratif des yeux.

Son vieux visage doux s'éclaira ; puis il prit une expression de résolution, et elle serra ses vieilles mâchoires fortes.

« Dans ce cas, remarqua-t-elle, vous aurez moins de réticence à accorder une faveur que je m'apprête à vous demander.

"Quelle est la faveur ?" » dit John d'un ton prêt.

"Je veux que tu achètes un cochon dans un sac", dit-elle.

"Oh?" lui demanda-t- il .

"Oui", dit-elle. "Je veux que tu me fasses une promesse, les yeux bandés. Je veux que tu me promettes dans le noir que tu feras quelque chose. Ce que tu dois faire, tu ne le sauras pas avant le moment venu. Veux-tu le promettre ?"

" Très chère dame, " dit le jeune homme confiant, " je suis parfaitement sûr que vous ne me demanderez jamais de faire quelque chose que je ne pourrais pas faire avec profit pour moi-même. Acheter un cochon en un rien de temps ? De vous, sans un instant. hésitation. Bien sûr, je le promets.

"Bravo, bravo", applaudit Lady Blanchemain , rayonnante de son triomphe facile. " Dans quelques jours, tu recevras une lettre. Elle t'indiquera à quoi tu t'es engagé. Et maintenant, pour te récompenser, viens avec moi dans mon salon, et je te ferai un petit cadeau. "

Lorsqu'ils furent arrivés à son salon (peu et frais, avec ses stores à moitié tirés et les housses de lin couleur paille de ses meubles), elle lui remit entre les mains une petite caisse de chagrin, petite et dure, et aux bords blanc avec l'âge.

"Va à la fenêtre et vois ce qu'il y a dedans", dit-elle.

Et obéissant : « Par Jupiter, quelle merveille ! » il s'est excalmé. L'écrin contenait une bague, un léger cercle d'or, serti d'un rubis, entouré d'une rangée de diamants, — pour ma part, je crois le plus beau rubis que j'aie jamais vu. C'était gros comme une noisette, ou presque ; il était taillé, à facettes innombrables, en forme de cœur ; et il frémissait et brûlait, coulait et ondulait, liquidement, du feu rouge le plus pur et le plus limpide .

" C'est l'esprit d'une rose, distillé et cristallisé", dit Lady Blanchemain .

" C'est une goutte de lumière liquide", dit John. "Mais pourquoi me le donnes-tu ? Je ne peux pas le porter. Je ne pense pas que je devrais l'accepter."

"Personne ne vous demande de le porter", a déclaré Lady Blanchemain . " C'est une bague de femme, bien sûr. Mais quant à l'accepter, il n'y a aucun scrupule à avoir. C'est une vieille Blanchemain. " un joyau, qui appartenait à la famille cent ans avant mon arrivée . C'est à proprement parler un héritage, et vous êtes l'héritier. Je vous le donne dans un but précis. Si jamais vous devenez fiancé, je désire que vous vous placiez au doigt de la femme aventureuse.

---

# IV

Sous une vieille olive noueuse, au bord de la rivière, Annunziata était assise sur le gazon, la tête baissée, de sorte que ses boucles tombaient en nœuds tout autour de ses joues, et regardait fixement les eaux vertes, les eaux riantes, dansantes, murmurantes, vertes. , et, là où le soleil les atteignait, ils étaient remplis de coutures et de clivages de lumière, comme du spath fluor. Dans l'herbe voisine tachetée de soleil et tachetée d'ombre , les violettes essayaient de se cacher, mais étaient trahies par leur douceur d'école buissonnière. Les eaux murmuraient, une légère brise faisait bruisser les feuilles d'olivier et les oiseaux chantaient fort et sauvagement, comme le feront les oiseaux après la pluie.

Maria Dolorès, descendant le chemin qui suivait les méandres de la rivière, resta debout une minute et regarda sa petite amie sans parler. Mais finalement elle cria : « *Ciao* , Annunziata. Est-ce que tu fais des rêves et as-tu des visions ?

Annunziata sursauta et leva les yeux. « Ch -h ! » murmura-t-elle avec un geste d'avertissement. Elle jeta un coup d'œil méfiant aux alentours, puis parla comme si elle craignait d'être entendue. "J'écoutais la musique de Divopan ", a-t-elle déclaré.

Maria Dolorès, qui s'était rapprochée, paraissait désemparée. "La musique de... quoi ?" elle a interrogé.

« Ch -h ! » murmura Annunziata. "Je n'oserais pas le dire à haute voix. La musique de Divopan ."

« Divopan ? » Maria Dolores perplexe, gardant docilement son ton. "Qu'est-ce que c'est?"

— Divo ... Pan, dit Annunziata en divisant le mot en deux et toujours avec un air de prudence excessive.

Mais Maria Dolores secoua la tête, impuissante. "J'ai peur de ne pas comprendre. Qu'est-ce que Divo -Pan ?"

"Tu ne sais pas ce qu'est un *divo* ?" » demanda Annunziata, ses yeux gris clairs surpris.

"Oh, un *divo ?* " dit Maria Dolores en voyant une lueur. " Ah oui, un divo est un saint, je crois ?

"Pas exactement", discrimina Annunziata, "mais quelque chose comme un. Les saints, voyez-vous, sont toujours très bons, et *les divi* sont parfois mauvais. Mais ils sont puissants, comme les saints. Ils peuvent faire tout ce qu'ils veulent. Divo Pan est le Divo qui fait toute la musique que vous entendez dehors, la musique du vent, de l'eau et des chants d'oiseaux. Mais vous devez faire attention à ne jamais louer sa musique à haute voix, de peur de Divo. Apollone devrait vous entendre. Il est le divo c'est cela qui fait toute la musique que vous entendez sur les instruments – sur les harpes, les violons et les pianos. Il est très jaloux de Divo Pan, et s'il vous entend le féliciter, il vous fera quelque chose. Vous savez ce qu'il a fait au roi Mida , n'est-ce pas ?

"Qu'est ce qu'il a fait?" demanda Maria Dolorès.

Annunziata jeta un autre regard méfiant.

"Il était une fois", racontait-elle, toujours de sa voix la plus basse, "il y a de nombreuses années, des centaines d'années, le roi de ce pays s'appelait Mida . Et il aimait beaucoup la musique de Divo Pan. Il aimait s'asseoir au bord de la rivière ici, et écouter la musique de l'eau, des feuilles et des oiseaux, j'aime aussi le faire, et je pense qu'il avait tout à fait raison. Mais un jour, dans sa maison, il est venu. un musicien avec une harpe, et il commença à jouer avec lui. Et le roi écouta pendant un moment, puis il dit au musicien d'arrêter : « Votre musique est très bonne, dit-il, mais maintenant je vais dans les champs. et au bord de la rivière, où j'entends une musique que j'aime mieux. Mais le musicien à la harpe était en réalité Divo Apollone lui-même ; déguisé. Et cela le rendait très en colère et jaloux. Et pour punir le roi Mida, il changea ses oreilles en de longues oreilles velues, comme celles d'un âne. Donc, si vous aimez la musique de Divo Pan, vous devez faire très attention à ne pas laisser Divo Apollone t'entends le louer, ou il te fera quelque chose.

Et pour faire comprendre cette application de son thème, elle a levé un doigt d'avertissement.

Maria Dolorès avait écouté en souriant. Elle eut maintenant un petit rire gai, puis réfléchit un instant. "C'est une partie de l'histoire très curieuse", dit-elle finalement. « Comment en êtes-vous parvenu à votre connaissance ?

Annunziata haussa les épaules. "Oh," répondit-elle, "tout le monde le sait. Je le sais depuis des années. Ma grand-mère qui vivait à Milan me l'a dit. L'eau n'a-t-elle pas l'air fraîche et agréable ?" » fut sa brusque digression, alors qu'elle retournait son regard vers le Rampio . "Quand il fait chaud comme ça, j'aimerais m'allonger dans l'eau et m'endormir. N'est-ce pas ?"

"Je n'en suis pas si sûre", a déclaré Maria Dolores. "Je devrais plutôt craindre de me noyer."

"Oh, mais ça ne ferait pas de mal", dit Annunziata avec sécurité. "Se noyer dans une si belle eau verte, parmi tous ces faisceaux de lumière, ce serait bien."

"Peut-être ne savez-vous pas," dit Maria Dolorès, "que quand les gens se noient, ils meurent ?"

"Oh, oui, je le sais", a déclaré Annunziata. "Mais" - elle leva des yeux calmes et clairs - "n'aimerais-tu pas mourir?"

"Certainement pas", dit Maria Dolores, une ombre sur le visage.

"Je le ferais", dit fermement Annunziata. "Ça doit être agréable de mourir."

"Chut", la réprimanda Maria Dolores en fronçant les sourcils. "Il ne faut pas dire de telles choses."

"Pourquoi ne pas les dire, si tu les penses ?" demanda Annunziata.

"Il ne faut pas non plus les penser", a déclaré Maria Dolores.

"Oh, je ne peux m'empêcher d'y penser", dit Annunziata avec un mouvement. "Cela doit sûrement être agréable de mourir et d'aller au paradis. Si j'étais parfaitement sûr d'aller au paradis, je fermerais les yeux et mourrais maintenant. Mais je devrais probablement attendre un certain temps au purgatoire. Et, bien sûr, Je pourrais aller en enfer."

Le visage de Maria Dolores était plein de problèmes. "Il ne faut pas parler comme ça", dit-elle. "Il ne faut pas. C'est méchant de votre part."

"Alors, si je suis méchant, je *devrais* aller en Enfer ?" » demanda Annunziata en levant les yeux avec attention.

Maria Dolorès regarda autour d'elle, regarda de l'autre côté du fleuve, vers le bas de la vallée, comme une personne en détresse scrutant la perspective d'une aide. "Bien sûr que tu ne le ferais pas", dit-elle. "Mon cher enfant, ne pouvons-nous pas trouver autre chose à dire ?"

"Pensez vous que j'aurai un purgatoire très long et très dur ?" demanda Annunziata.

Maria Dolorès jeta un regard désespéré à l'horizon.

"Non, non, chérie," répondit-elle avec inquiétude. "Vous en aurez un très court et doux. De toute façon, vous n'aurez pas à y penser avant des années. Maintenant, devons-nous changer de sujet ?"

"Eh bien," dit Annunziata d'un air réfléchi, "si vous êtes parfaitement sûr que je n'irai pas en enfer et que mon purgatoire ne sera pas long et dur, je pense que je ferai ce que j'ai dit. Je me coucherai. dans l'eau et je m'endors, et l'eau me noiera et je mourrai.

Le visage de Maria Dolores était terrifié. "Annunziata!" elle a pleuré. "Vous ne savez pas ce que vous dites. Vous êtes cruel. Vous ne ferez rien de tel. Vous devez me donner votre parole d' honneur solennelle que vous ne ferez rien de tel. Ce serait une très grande peine." terrible péché. Viens. Viens avec moi maintenant, loin d'ici, loin de la vue de la rivière. Tu ne dois plus jamais revenir ici seul, donne-moi la main et pars.

Annunziata se leva, lui tendit la main et s'éloigna aux côtés de Maria Dolores, vers le Château. "Bien sûr", dit-elle, "si je veux mourir, je n'ai pas besoin de m'allonger dans l'eau. Je peux mourir à tout moment si je le souhaite, simplement en fermant les yeux, en retenant ma respiration et en disant à mon cœur sept fois pour arrêter de battre. Cœur, arrête de battre ;

"Pour l'amour de la Miséricorde", gémit la pauvre Maria Dolorès, se tordant presque de misère... Puis, tout à coup, elle poussa un profond soupir de soulagement et s'exclama avec ferveur : "Dieu merci". John avançait vers eux, sur le sentier accidenté.

"S'il vous plaît, venez m'aider avec cet enfant pervers et exaspérant", lui appela-t-elle en anglais. "Elle me fait peur en menaçant de mourir. Elle a même menacé de se noyer dans le Rampio ."

"Les enfants de sa constitution ne peuvent pas mourir", a déclaré John en italien (et Annunziata a dressé les oreilles). "Ils ne peuvent que se transformer en singes, et alors ils doivent vivre dans les forêts d'Afrique, où il fait toujours sombre, et tous les hommes et femmes sont des nègres sauvages, et tous les autres animaux (sauf les moustiques et les serpents) sont des lions et des tigres. En plus, si Annunziata se transformait en singe, elle ne pourrait pas avoir les marrons sucrés que quelqu'un lui a apportés de Roccadoro . Sur la commode de ma chambre est apparue mystérieusement une boîte de marrons sucrés. . Je pensais qu'ils étaient pour elle, mais ce n'est pas le cas, à moins qu'elle ne promette de ne jamais se transformer en singe.

Les yeux d'Annunziata s'étaient assombris.

"Bien sûr que je ne me transformerai pas en singe", dit-elle avec un accent à la fois de désillusion et de dédain. "Je ne savais pas qu'un tel danger existait. Je détesterais être un singe." Puis ses yeux s'éclairèrent à nouveau. "Puis-je aller les chercher maintenant ?" » demanda-t-elle, mélancolique et impatiente.

"Oui", a déclaré John; "Je pars avec toi." Et elle courut légèrement vers le haut de la colline.

Il se tourna vers Maria Dolores. Son visage (clair, avec ses cheveux noirs, sur le fond rouge de son ombrelle) était blanc et tiré par la douleur. Mais elle sourit, plutôt pâlement, alors que son regard rencontrait le sien, et dit d'une voix faible : « Oh, je suis si heureuse que tu sois venu. Je ne peux pas te dire à quel point elle me faisait peur. Et tout à coup, ses yeux se remplirent de larmes.

Je n'ai pas besoin de dire si John était ému, si c'était son envie de la prendre dans ses bras et de sécher ses larmes avec des baisers. En fait, sous cette impulsion, il fit un sursaut perceptible vers elle, mais ensuite il se retint. "L'enfant devrait être fouetté", s'écria-t-il avec colère. "Tu ne dois pas prendre ses bavardages si au sérieux."

"Mais *elle* était si sérieuse", a déclaré Maria Dolores. "Oh, quand elle a menacé de s'allonger dans la rivière et de se laisser noyer...!" Sa voix lui manquait, comme à l'indicible.

"Pas de crainte", dit John. "Le premier contact avec l'eau froide (et elle est glaciale, un ruisseau de glacier, vous savez) la ramènerait à la raison. Mais venez ! Il ne faut plus y penser. Vous avez eu un mauvais choc. , mais aucun os n'est brisé, et maintenant vous devez essayer de bannir tout cela de votre esprit.

"Quelle enfant inexplicable elle est !" dit Maria Dolorès. "Il n'est sûrement pas naturel et alarmant pour une enfant d'avoir la tête si remplie de phénomènes et de fantaisies étranges. Oh, je prie Dieu de permettre que rien ne lui arrive."

"Le mal le plus grave qui puisse lui arriver pour le moment," dit John, "sera une indigestion de marrons glacés ."

Les larmes de Maria Dolores étaient désormais parties. Elle a souri. Mais ensuite, elle parut de nouveau grave. "Oh, j'aimerais pouvoir chasser de mon cœur la peur que quelque chose lui arrive. J'aimerais qu'elle ne soit pas si pâle et si fragile", a-t-elle déclaré. Puis une lueur apparut dans ses yeux. "Mais tu allais te promener et je te retiens."

"Le but de ma promenade a été atteint", a déclaré John.

"Oh?" questionna- t-elle .

"Je marchais dans l'espoir, par hasard, de pouvoir vous rencontrer", expliqua-t-il avec dureté. "Il y a tellement d'âge que je ne t'ai pas vu. Vas-tu vers le jardin ? Je te prie d'être gentil et laisse-moi partir avec toi. J'ai été un exilé et un vagabond, j'ai été à Roccadoro . "

Elle avait repris son ascension de la colline. Le chemin était raide et accidenté. Parfois, John devait l'aider dans des moments difficiles. Le contact de sa main, douce et chaude, et ferme aussi dans la sienne ; le sentiment de sa proximité ; le léger parfum de ses vêtements, de ses cheveux, ces choses, soyez-en sûr, lui montaient à la tête, lui montaient au cœur. Le jardin était baigné d'un soleil blanc, qui semblait presque matériel, comme un fluide incandescent ; mais l'entrée de l'avenue était sombre et accueillante. « Allons, proposa-t-il, aller nous asseoir sur un banc de marbre, sous les feuilles luisantes des ilex, à l'ombre profonde et fraîche ; et jouons que c'est il y a mille ans, et que tu es une reine (blanche). Reine Blanche, comme une reine des lys), et que je suis votre ménestrel.

"Quelle chanson vas-tu me chanter ?" demanda-t-elle gaiement, tandis qu'ils prenaient place sur le banc de marbre. Il était semi-circulaire, avec un haut dossier sculpté (sculpté des armoiries des Sforza ), et bien sûr il était teinté de lichen, gris et bleu et vert, jaune et écarlate.

" *La Reine Blanche Blanche, comme une reine des lys,*
*Plus belle et plus chère que la plus chère et la plus belle, Pour m'entendre chanter , si telle*
*est sa douce volonté, ——*
*Chante, ménestrel, ton amour, si tu l'oses ,"*

» trolla John, de son léger baryton , sur un air, j'imagine, improvisé pour l'occasion. "Mais si c'était il y a mille ans", a-t-il ri, "cette chanson ressemble peut-être trop à la réalité, et je ferais mieux d'en choisir une autre."

Maria Dolores se joignit à son rire. "Je ne savais pas que tu chantais", dit-elle. "Laisse-moi entendre l'autre."

« Une chanson, pensa-t-il, que je pourrais chanter avec beaucoup d'émotion et de conviction, serait : « Donnez-lui la moindre excuse pour m'aimer. »

Maria Dolores parut tout à coup sobre.

« Ne devrais-tu pas faire attention, dit-elle, à ne lui donner aucune excuse pour t'aimer, si tu es vraiment résolu à ne jamais lui demander d'être ta femme ?

"C'est exactement ce que je lui ai donné", répondit John, "aucune excuse. Je chanterais dans un esprit purement académique, ma chanson serait l'expression d'un désir pieux mais désespéré, du désir du papillon pour l'étoile. ".

"Mais elle, je suppose, n'est pas une star", objecta Maria Dolores. "C'est probablement juste une femme humaine faible. Vous lui avez peut-être donné des excuses sans le vouloir." Il y eut le moindre tremblement dans sa voix.

John retint son souffle ; il se tourna vers elle presque violemment. Mais elle lui faisait face, dans l'avenue, de sorte qu'il ne pouvait pas la voir.

« Dans ce cas, dit-elle, ne lui devrais-tu pas quelque chose ?

"Je me devrais une pénitence de toute une vie avec la discipline," répondit John sur un ton solennel, regardant avidement sa joue, les petites mèches de cheveux noirs autour de son front. "Dieu sait ce que je lui dois."

"Vous lui devriez," dit Maria Dolorès, toujours tournée vers l'extérieur, "de lui dire franchement votre amour et de lui demander de vous épouser."

John était ravi, John souffrait. Ses yeux bleus la brûlaient. "A votre avis, de quoi d'autre je rêve, nuit et jour ? Mais comment le pourrais-je, avec honneur ? Vous connaissez ma pauvreté", gémit-il.

"Mais si elle en a assez, plus qu'assez, pour deux ?" » exhorta doucement Maria Dolores.

"Ah, c'est le pire", s'écria-t-il. "Si nous étions égaux dans la misère, si elle n'avait rien, alors je pourrais lui demander honorablement , et nous pourrions vivre ensemble d'herbes dans une mansarde, et je pourrais garder son respect et le mien. Oh, mansarde-paradis ! Mais se marier une femme riche, vivre dans le luxe avec elle et essayer de paraître inconsciente pendant qu'elle paie les factures, elle me mépriserait, je me détesterais.

"Pourquoi devrait-elle te mépriser ?" demanda Maria Dolorès. "La possession de la richesse n'est qu'un simple accident. Si les gens sont mariés et s'aiment, je ne vois pas qu'il importe le moins du monde que leur argent appartienne en premier lieu à l'homme ou à la femme, il appartiendrait." désormais à eux deux également.

"C'est une manière très généreuse de voir les choses, mais c'est une manière de voir les choses avec une femme. Aucun homme honnête ne pourrait l'accepter", a déclaré John.

" Jusqu'à un certain point, " dit lentement Maria Dolorès, " je comprends vos scrupules. Je comprends qu'un homme pauvre puisse sentir qu'il n'aimerait pas faire des avances, si la femme qu'il aime était riche. Mais supposons que la femme elle l'aimait, et savait qu'il l'aimait, et savait que c'était seulement sa pauvreté qui le retenait, alors *elle* pourrait faire des avances, elle pourrait mettre de côté son orgueil, et aller à sa rencontre, et éliminer ses difficultés et ses difficultés. Si, après cela, il ne lui avait toujours pas demandé, je pense que ses scrupules seraient devenus de la simple vanité, - je pense que cela montrerait qu'il se souciait plus de sa simple vanité que de son bonheur.

Sa voix s'est éteinte. John pouvait voir que sa lèvre tremblait un peu. Sa gorge était sèche. Les pouls battaient dans ses tempes. Son cerveau était tout confus. Il savait à peine ce qui lui était arrivé, il savait à peine ce qu'elle avait dit. Il savait seulement qu'il y avait une grande boule de feu dans sa poitrine, et que la douleur qui en résultait était à moitié une joie incommensurable.

"Dieu me pardonne", s'écria sauvagement cet absurde et exagéré défenseur de la dignité de son sexe. "Dieu sait combien je l'aime, combien je tiens à son bonheur. Mais aller chez elle les mains vides, mais me mettre dans la position d'être gardé par une femme, Dieu sait combien c'est impossible."

Maria Dolores se leva, le regard toujours détourné de lui.

"Eh bien, espérons," dit-elle, changeant son ton pour devenir un détachement indifférent, "que nous avons discuté de suppositions sans fondement. Espérons que son cœur soit tout à fait intact. Et pour votre bien à tous deux", a-t-elle conclu, son la tête en l'air, "espérons que vous et elle ne vous reverrez plus jamais. Au revoir."

Elle lui fit un bref signe de tête et remonta l'avenue d'un pas léger et rapide.

Le cerveau de John était tout confus. Il s'occupait d'elle, impuissant. Il savait seulement qu'il y avait une grande boule de feu dans sa poitrine, et que la douleur qui en résultait était désormais sans mélange.

# V

Maria Dolores entra dans le salon de Mme Brandt en chantant joyeusement un morceau de chanson.

" *Gardez vous d'être sévère*
*Quand on vous parc d'amour* ,"

elle chanté . Puis elle a arrêté de chanter et a ri allègrement.

Frau Brandt releva son beau visage brun de son tricot et ses beaux yeux bruns regardèrent anxieusement vers le haut, obliquement par-dessus ses lunettes à monture d'écaille.

"Qu'est-ce qu'il y a maintenant ?" elle a demandé. "Qu'est-ce qui t'a contrarié maintenant ?"

"Pour me vexer !" s'écria Maria Dolorès, apparemment étonnée. "N'étais-je pas en train de chanter à haute voix par pure exubérance de bonne humeur ?"

"Non", a déclaré Mme Brandt en secouant très positivement sa tête à tête blanche. "Vous chantiez pour cacher votre mauvaise humeur. Que s'est-il passé ?"

" Eh bien, si vous en savez tant et que vous devez tout savoir, " dit Maria Dolorès, " je viens de proposer à l'homme dont je suis amoureuse et j'ai été chargée de mes affaires. "

"Que veux-tu dire?" demanda Frau Brandt, flegmatique. "Quelle absurdité est-ce?"

"Je veux dire le fils de mon cordonnier", répondit Maria Dolores. " Moi, princesse de l'Empire, je lui ai humblement offert, à lui, fils de cordonnier, ma main, mon cœur et ma fortune, — et l'homme sans grâce les a rejetés avec mépris. "

"C'est une histoire probable", dit Mme Brandt en remuant le menton. Ses doigts bruns et émoussés revinrent à leur occupation. "Je vois Votre Altesse Sérénissime lui tendre la main."

"En tout cas, aurez-vous la gentillesse de dire à Joséphine de faire nos cartons. Demain, nous partirons en voyage", annonça d'un ton nonchalant Son Altesse Sérénissime.

"Ce que vous dites?" s'écria Mme Brandt en laissant tomber son tricot sur ses genoux.

"Oui, à Mischenau , à mon frère", poursuivit la princesse. "Bien sûr que tu devras venir avec nous, la pauvre chérie. Tu ne peux pas me laisser voyager seule avec Joséphine."

"Non", a déclaré Mme Brandt. "J'irais avec toi."

"Et tu peux rester pour mon mariage", a ajouté Maria Dolores. "Je rentre chez moi pour répondre aux souhaits de mon frère et épouser mon cousin germain, le grand et puissant Maximilien, prince de Zelt-Zelt ."

« Monsieur Gott ! » dit Mme Brandt en regardant le plafond avec dévotion.

# VI

John, les yeux hagards, était toujours là où elle l'avait laissé, dans l'avenue, savourant et savourant son malheur. « Si seulement, songea-t-il, elle était de son propre rang dans le monde, alors sa richesse ne serait peut-être pas un obstacle aussi absolument désespéré qu'elle l'est. en plus, cela ressemblerait un peu trop au chasseur de fortune de la tradition. Il était toujours assis là où elle l'avait laissé, sur le banc de marbre, inconsolable, lorsque le parroco s'approcha précipitamment, venant de la direction de la maison.

"Signore," commença le parroco essoufflé, "je vous donne mille excuses pour oser vous déranger, mais ma nièce est tombée subitement malade. Je vais au village téléphoner à un médecin. Ma cuisinière est absente, car son dimanche après-midi. Puis-je vous prier d'avoir l'extrême gentillesse de rester avec l'enfant jusqu'à mon retour. Je ne sais pas ce qui se passe , mais elle s'est évanouie et maintenant elle délire et, j'en ai peur, elle est très malade ? en effet."

"Bonté divine!" haleta John, oubliant tout le reste. "Bien sûr bien sûr."

Et il partit d'un pas vif vers le presbytère.

# SIXIÈME PARTIE

# je

Je préfère ne pas m'attarder sur les détails de la maladie d'Annunziata. Par la grâce de la Providence, elle finit par se rétablir ; mais en attendant ces détails étaient suffisamment pénibles. John, par exemple, trouvait plus que douloureux de l'entendre crier pitoyablement, comme elle le faisait souvent dans son délire, qu'elle ne souhaitait pas se transformer en singe ; il baissait la tête, gémissait et maudissait le moment mal inspiré qui avait donné naissance à cette chimère . Il avait pourtant ses compensations. Maria Dolorès, qu'il pensait ne plus jamais revoir, il la voyait tous les jours. "Espérons que vous et elle ne vous reverrez plus jamais." Dans son cœur désespéré, ces mots devinrent un refrain. Mais une heure plus tard, la nouvelle des troubles au presbytère s'était répandue jusqu'au pavillon, et elle vola directement au chevet d'Annunziata. Depuis lors (reportant les noces menacées à Mischenau ), elle partageait avec John, le parroco et Marcella la cuisinière, les travaux de nourrice. Et bien qu'il ait été convenu que les hommes, tour à tour , veilleraient la nuit et les femmes le jour, Jean, en arrivant tôt et en partant tard, parvint à faire coïncider une bonne partie de sa veillée et de la sienne. Et le résultat étrange est que maintenant, en regardant en arrière sur cette période de douleur et d'effroi, où de minute en minute personne ne savait quel terrible changement la minute suivante pourrait apporter, - en regardant en arrière et en revoyant la petite pièce nue, semblable à une cellule , avec ses murs blanchis à la chaux, son lit de fer, son Crucifix, sa fenêtre étroite (à travers laquelle brillaient de larges kilomètres de vallée), et puis le petit visage blanc et les boucles brunes se balançant sur l'oreiller, et la femme de son amour assise près de lui, dans l'intimité d'un soin et de devoirs communs, le résultat étrange est que John sent une lueur dans son cœur, comme au souvenir d'une période de joie.

"Oh, ne les laisse pas me transformer en singe. Oh, Sainte Mère, j'ai si peur. Oh, ne les laisse pas!" Cria Annunziata en frissonnant et en s'enfonçant plus profondément dans le lit, vers le mur.

John baissa la tête et se tordit les mains. "Mon Dieu, mon Dieu !" il gémit.

"Il ne faut pas se blâmer", dit à voix basse Maria Dolores, tout en baignant le front de l'enfant et en lui éventant le visage. "Votre intention était bonne, vous ne pouviez pas prévoir ce qui s'est passé, et c'est peut-être pour le mieux, après tout, cela peut renforcer sa "volonté de vivre", ce qui est la grande chose, dit le médecin."

Elle avait parlé anglais, mais le cri suivant d'Annunziata fut comme une réponse.

"Oh, vivre, vivre - je veux vivre, vivre Oh, laisse-moi vivre !"

Mais à d'autres moments, ses pensées vagabondes prenaient une tout autre tournure.

Regardant solennellement le visage de Maria Dolores, elle dit : "Il ne connaît même pas son nom, même s'il craint que ce soit Smitti . Je pensais que c'était Maria Dolores, mais il craint que ce soit Smitti ."

John regardait par la fenêtre, faisant semblant de ne pas entendre, et priant, j'imagine, pour que les yeux de Maria Dolores soient aveuglés et que ses conseils s'obscurcissent. En même temps, (le Ciel m'ayant envoyé un héros rieur), je ne garantirai pas que ses épaules n'aient pas tremblé un peu.

# II

A propos de leur méconnaissance des patronymes de chacun. ... Un après-midi, Maria Dolorès prenait l'air devant la porte ouverte du presbytère, lorsque, au son d'un puissant bruit de sabots de chevaux, une grande calèche à haut vol arriva dans la cour, décrivant un demi-cercle audacieux. , et s'arrêta brusquement devant elle. Dans la calèche était assise une grande vieille dame, une grande vieille dame douce, aux yeux drôles, en crêpe de Chine frais, couleur crème , avec de beaux cheveux blancs, un bonnet de paille clair très gai et une robe lavande très relookée . parasol. Cocher et valet de pied, tout droit, regardaient droit devant eux, aussi rigides que si leurs livrées étaient en papier mâché . Les chevaux, pleinement conscients de ce qu'ils devaient aux apparences, mordillaient ardemment leurs mors, secouaient leurs crinières et piaffaient les pavés. La vieille dame sourit à Maria Dolorès avec un air de grande amitié et d'intérêt, s'inclina doucement et lui souhaita d'une belle et chaude voix de vieille noblesse : « Bonjour ».

Maria Dolores (éprouvant instantanément une sympathie, ainsi que de la curiosité et de l'admiration) sourit à son tour et répondit : "Bon après-midi".

« D'ici, vous avez une belle vue », remarqua la vieille dame en penchant son parasol en direction de la vallée.

"Une belle vue", a reconnu Maria Dolores en suivant le parasol des yeux.

Celles de l'inconnu eurent une lueur. "Mais ne pensez-vous pas, si l'on peut murmurer la vérité sans fard, que cela devient un peu trop chaud ?" » suggéra-t-elle.

Maria Dolores rit légèrement. "Je pense qu'il fait vraiment trop chaud", a-t-elle déclaré.

"Je suis heureuse de constater que nous sommes du même avis", déclara la vieille dame en s'éventant. " On voit positivement *la* chaleur vibrer là-bas au loin. Nous, les enfants du Nord, devrions fuir par un temps pareil. Pour ma part, je pars demain pour l'Angleterre, où je pourrai grelotter confortablement tout l'été au coin de ma cheminée. ".

Maria Dolores éclata de nouveau de rire.

"Je suis donc venu de Roccadoro ," continua le nouveau venu, "pour faire mes adieux à un jeune homme de ma connaissance qui séjourne ici. J'ose dire que vous le connaissez peut-être. Il a les yeux bleus et une barbe rousse, un des manières flatteuses et un joli esprit, et il s'appelle Blanchemain .

"Oh?" dit Maria Dolores en haussant les sourcils. "C'est son nom ? Tu veux dire le jeune Anglais qui vit avec le parroco ?"

Les sourcils de la vieille dame, épais et sombres, se haussèrent également.

"Est-il possible que tu ne connaisses pas son nom ?" fut son éjaculation surprise. Puis elle dit : « Je me demande s'il est quelque part ?

"J'ai l'impression qu'il dort", dit Maria Dolores.

"Dormi ? A cette heure ?" Les sourcils sombres froncèrent les sourcils en signe de protestation. "Cela ressemble à un triste slugabed."

Maria Dolores avait l'air sérieuse. "Il est resté éveillé toute la nuit. Nous avons un enfant malade ici, et il est resté éveillé toute la nuit à nous regarder."

Les yeux gris de l'étranger s'emplirent d'inquiétude et de sympathie. "J'espère, j'en suis sûr, ce n'est pas cette jolie petite fille, la nièce du parroco ?" dit-elle.

"Malheureusement, c'est le cas", a déclaré Maria Dolores. "Elle a vraiment été très malade."

"Je suis extrêmement désolée de l'entendre, extrêmement désolée", a déclaré la vieille dame avec émotion. « Si je peux être d'une quelconque utilité – si je peux envoyer quelque chose – ou aider de quelque manière que ce soit… » Ses yeux complétaient l'offre.

"Oh, merci, merci", répondit Maria Dolores. "Vous êtes très gentil, mais je ne pense pas que quiconque puisse faire quelque chose. En plus, elle va mieux maintenant, nous l'espérons. Le médecin dit que le pire est probablement passé."

"Eh bien, Dieu merci pour cela", s'exclama le visiteur avec volonté. Elle réfléchit un instant, puis revint à la question précédente. "Alors tu ne savais pas que mon brillant jeune ami s'appelait Blanchemain ?"

"Non", a déclaré Maria Dolores.

"C'est un bon nom, il n'y en a pas de meilleur en Angleterre", affirma la vieille dame avec un signe de tête empreint d'emphase qui fit frémir les épis de blé de son bonnet.

"Oh-?" dit Maria Dolores, l'air poliment intéressée.

"Il est le neveu et héritier de Lord Blanchemain de Ventmere ", poursuivit son instructrice. "C'est l'une de nos plus anciennes pairies."

"Vraiment?" dit Maria Dolorès. (Que disait-elle d'autre dans son cœur ? Où était maintenant le fils de son cordonnier ?)

"Et je suis heureux de pouvoir ajouter que je suis en quelque sorte son lien : je suis la veuve de feu Lord Blanchemain ." La dame fit une pause ; puis, avec ce sourire qu'on lui connaît, ce sourire qui sert d'avant-garde à désarmer le ressentiment : « Il est permis aux gens de mon âge d'être curieux », prédit-elle. "Je me suis présenté à vous, ne voulez-vous pas vous présenter à moi ?"

"Je m'appelle Maria Dolores de Zelt-Neuminster ", a répondu la personne interrogée en souriant également.

La veuve de feu Lord Blanchemain haletait intérieurement, mais elle fut prompte à supprimer tous les symptômes extérieurs de cette circonstance. La fille d'Eve haletait en elle, mais la vieille Anglaise expérimentée du monde prononça avec affabilité et imperturbabilité, avec un gracieux mouvement de tête : « Ah, en effet ? Vous êtes donc, bien sûr, une parente du prince ?

"Je suis la sœur du prince", a déclaré Maria Dolores. Et comme si une explication de sa présence s'imposait, elle ajouta : « Je suis ici chez ma vieille nourrice et gouvernante, à qui mon frère a donné un pavillon du Château pour sa maison.

Lady Blanchemain s'éventait. "La fille d'un meunier !" pensa-t-elle, avec un rire silencieux aux dépens de John et aux siens. "Je suis très heureuse d'avoir fait votre connaissance", dit-elle, "et j'espère que ce ne sera peut-être pas notre dernière rencontre. Je crains de devoir maintenant retourner en toute hâte à Roccadoro . Je me demande si vous aurez la gentillesse, quand vous le verrez, pour transmettre ma bénédiction d'adieu à M. Blanchemain . Oh, non, je ne le laisserais pas se réveiller, pas pour un monde. Merci.

Et avec un grand effet de majesté et d'importance, comme une chose consciente, sa voiture s'éloigna.

# III

"Mon roman est terminé, mon rêve d'avril est terminé", dit la princesse à Mme Brandt avec un air, peut-être une feinte, de mélancolie apathique.

"Que veux-tu dire ?" » demanda Frau Brandt, impassible.

"Le fils de mon cordonnier a disparu – il a disparu dans un éclat de gloire", expliqua Son Altesse Sérénissime en riant.

"Je ne comprends pas", a déclaré Mme Brandt. "Il n'a pas quitté Sant'Alessina ? "

"Non, mais ce n'est pas du tout le fils d'un cordonnier - il s'est simplement fait passer pour tel - son nom n'est pas Brown, Jones ou Robinson - son nom est le nom ronflant de Blanchemain , et il est l'héritier d'une pairie anglaise. ".

"Ah et alors ? Il est donc noble ?" Frau Brandt en déduisit en levant les yeux avec satisfaction.

"Aussi noble que nécessaire. Un pair anglais peut se marier. Alors, voici adieu à mon cottage dans les airs."

"C'est un bon débarras", dit Mme Brandt.

Ce soir-là, à l'heure du coucher du soleil, Maria Dolores rencontra John dans le jardin.

"Vous avez eu de la visite cet après-midi", annonça-t-elle. "Une vieille dame des plus inspirantes, douce et blanche comme une houppette, dans une voiture qui ressemblait à un carrosse à quatre. Lady Blanchemain . Elle part demain pour l'Angleterre. Elle m'a prié de vous la donner. adieu bénédiction.

"Il me sera doublement précieux en raison du moyen par lequel il vient", dit John avec son hommage le plus courtois.

Il y eut une petite pause pendant laquelle elle regarda le ciel à l'ouest. Mais maintenant : « Pourquoi m'as-tu dit que tu avais un oncle qui était agriculteur ? » demanda-t-elle en commençant lentement à arpenter le sentier.

"Est-ce que je vous ai dit cela ? Je suppose que j'ai eu une crise de vantardise", répondit John.

"Mais cela m'a beaucoup induit en erreur", a déclaré Maria Dolores.

"Oh, c'est parfaitement vrai", dit John.

"Vous êtes l'héritière d'une pairie", dit Maria Dolores.

John eut un geste.

« Voilà, dit-il ; "et mon oncle, le pair, passe une grande partie de son temps et la plupart de son argent à élever des moutons et à cultiver des navets. Si ce n'est pas un fermier, j'aimerais savoir ce que c'est."

"J'espère que vous avez montré moins de réticence quant à votre situation dans le monde envers cette femme dont vous étiez amoureux", dit-elle.

"Cette femme dont j'étais *amoureux* ?" John la rattrapa. "Cette femme dont je *suis* amoureux, s'il te plaît."

"Oh ? Es-tu toujours amoureux d'elle ?" » se demandait Maria Dolores. "Il y a si longtemps que tu n'as pas parlé d'elle, je pensais que ton cœur était guéri."

"Si je n'ai pas parlé d'elle, c'est parce que j'avais l'impression que vous m'aviez tacitement interdit de le faire", l'informa John.

"C'est ce que j'avais fait", a-t-elle admis. "Mais je trouve qu'il existe une chose telle que le fait d'être trop bien obéi."

Elle prononça ses derniers mots, après une suspension la plus brève possible, précipitamment, d'une voix qui tremblait un peu, comme terrorisée par sa propre audace. John, avec des picotements, se tourna vers elle. Mais elle, selon son habitude en ces moments-là, lui refusait ses yeux. Il pouvait cependant voir que ses cils tremblaient.

"Oh," s'écria-t-il, "je l'aime tellement, j'ai tellement besoin d'elle, je suppose que je finirai par faire la chose déshonorante ."

« Lui avez-vous déjà dit que vous étiez l'héritier de Lord Blanchemain ? elle a demandé.

"Je n'y ai jamais pensé. Pourquoi devrais-je le faire ?" dit Jean.

"Quand vous déploriez votre pauvreté, comme un obstacle au mariage, vous vous souveniez peut-être que votre naissance comptait pour quelque chose. Chez nous, Autrichiens, par exemple, la naissance compte pour presque tout, infiniment plus que l'argent."

"Je pense", dit John, en généralisant de manière impersonnelle, "qu'un chasseur de fortune avec une touffe est la variété la moins admirable de cet animal. J'aimerais que vous puissiez voir quelles belles petites oreilles blanches et roses elle a, et la façon charmante dans lequel ses cheveux noirs tombent autour d'eux.

« Il y a combien de temps, pensa-t-elle, que l'amour faisait croire aux gens qu'ils voyaient des beautés qui n'avaient pas d'existence réelle ?

"Oh, dès que vous voyez une chose, elle acquiert une existence réelle", répondit John. "L'acte de voir est un acte de création. La chose que vous voyez a une existence réelle sur votre rétine et dans votre esprit, si nulle part ailleurs, et c'est la sorte d'existence réelle la plus réelle."

"Alors elle doit vous remercier en tant que créatrice de ses oreilles 'blanches'", a ri Maria Dolores. "Je me demande si ce coucher de soleil a une réelle existence et s'il est vraiment aussi splendide qu'il y paraît."

L'ouest était devenu une vaste mer d'or, une mer pure et placide d'or aux multiples teintes, délimitée, coupée et divisée en d'innombrables baies larges et criques étroites par de grands promontoires de nuages, pourpres, roses et terre d'ombre. Juste en face, juste au-dessus de la ligne de crête des collines, était suspendue la lune presque pleine, pâle comme un simple fantôme d'elle-même. Et de quelque part dans le boscage au fond du jardin sortait un lool-lool-lool-lioo-liô , profond et long, liquide et plaintif, qu'on savait être la tuyauterie préliminaire de Philomel.

« Si certaines choses, dit Jean, tirent leur beauté de l'œil du spectateur, la beauté d'autres choses est déterminée par la présence ou l'absence de la personne avec qui vous désirez partager toutes les belles visions. Le ciel, les nuages, l'air tout entier et la terre me semblent, ce soir, la beauté dans sa dernière perfection.

Maria Dolores rit doucement, doucement, doucement. Et pendant longtemps, près de la balustrade de marbre qui gardait cette terrasse particulière du jardin, ils restèrent silencieux. L'or occidental brûlait jusqu'au rouge et au rouge plus sombre ; les promontoires de nuages devenaient plus violets ; la lune pâle s'allumait et brillait comme un feu de glace, avec son éclat froid et intense ; les bois d'oliviers sur le ciel étaient noirs ; une vingtaine de rossignols, proches et lointains, appelaient, sanglotaient et exultaient ; et deux esprits humains aspiraient au mystère de l'amour.

« Mon revenu, » dit tout à coup John, revenant brusquement à terre, « est exactement de six cents livres par an. Je suppose que deux personnes *pourraient* en vivre, même si je serais déçu si je vois comment. Je ne vis pas en Angleterre, où cette infernale future pairie nous imposerait mille obligations ; mais j'ose dire que nous pourrions trouver un mansarde ici en Italie. La question est de savoir si elle voudrait, ou aurais-je le droit de le lui demander. m'épouser, à condition de ne pas toucher à son propre argent et de vivre avec moi sur le mien ?

" A propos des futures pairies et autres, " dit Maria Dolorès, " savez-vous par hasard si elle a un rang à suivre ? "

"Je m'en fiche de son rang", a déclaré John.

« Connaissez-vous son nom ? elle a demandé.

"Je sais comment j'aimerais qu'elle s'appelle," répondit rapidement John. "Je souhaite au Ciel que ce soit Blanchemain ."

Maria Dolorès regardait pensivement la lune. "Il ne connaît même pas son nom", remarqua-t-elle sur une clé de méditation, "bien qu'il craigne," elle secoua tristement la tête, "il craint que ce ne soit Smitti ."

"Oh, je dis!" s'écria John en grimaçant avec une sorte de rire désolé ; et je ne sais pas s'il avait l'air ou s'il se sentait encore plus penaud. Son visage montrait tous les signes d'humiliation, il tirait nerveusement sur sa barbe, mais ses yeux, malgré lui, ses yeux bleus très bleus étaient pleins d'un amusement vexé.

La cloche de l'horloge sonna huit heures.

"Voilà, c'est votre heure pour aller à Annunziata", dit Maria Dolorès.

"Vous, n'avez pas répondu à ma question?" dit Jean.

"Je vais y réfléchir", dit-elle.

---

# IV

Le délire d'Annunziata était passé, mais malgré tous leurs efforts pour la persuader de ne pas parler, elle parlait.

"C'est le mois de mai, n'est-ce pas ?" » demanda-t-elle le lendemain matin.

"Oui, ma chère", dit Maria Dolores, à qui appartenait la montre.

"Et c'est le mois de Marie. San Luca devrait se dépêcher et me guérir, afin que je puisse garder des fleurs sur l'autel de la Dame."

"Alors si vous voulez guérir rapidement", dit Maria Dolorès, "vous devez essayer de ne pas parler, ni même de penser, si vous pouvez l'empêcher. Vous savez que le médecin ne veut pas que vous parliez."

"Très bien. Je ne parlerai pas. Une horloge en marche peut toujours être fausse, mais une horloge arrêtée a raison deux fois par jour. Alors taisez-vous et évitez les bêtises. Mon oncle me l'a dit. Il ne parle jamais."

"Et maintenant, vous et moi, allons-nous imiter son exemple ?" proposa Maria Dolorès. Ses lèvres, comprimées, étaient manifestement les geôlières du rire.

"Oui", a déclaré Annunziata. "Mais je ne peux m'empêcher de penser à ces pauvres fleurs. Toutes les fleurs de mai sont nées pour être placées sur l'Autel de la Dame. Ces pauvres fleurs n'ont pas ce pour quoi elles sont nées. Elles doivent être très tristes."

"Cet après-midi, chaque après-midi", promit Maria Dolores, "je mettrai des fleurs sur l'autel de la Dame. Maintenant, vois si tu ne peux pas fermer les yeux et te reposer un peu."

« Une fois, j'ai trouvé un crapaud sur l'Autel de la Dame. À votre avis, pourquoi était-il là ? demanda Annunziata.

"Je n'arrive pas à réfléchir, j'en suis sûre", a déclaré Maria Dolores.

"Eh bien, quand je l'ai vu pour la première fois, j'étais en colère et j'allais prendre un balai et l'emporter. Mais ensuite j'ai pensé que ça devait être très difficile d'être un crapaud, et qu'on ne pouvait s'empêcher d'être un crapaud si vous êtes né tel, et j'ai pensé que peut-être ce crapaud était là en train de prier pour qu'il puisse passer d'un crapaud à quelque chose d'autre. Alors je ne l'ai pas emporté. Avez-vous déjà entendu parler de la petite masse de corruption qui se trouvait dans un. jardin?"

"Non", a déclaré Maria Dolores.

"Eh bien," dit Annunziata, "il était une fois une petite masse de corruption dans un jardin. Mais elle ne savait pas que c'était une masse de corruption, et elle ne voulait pas être une masse de corruption, et elle ne l'a jamais su. faire du mal ou souhaiter du mal à qui que ce soit , mais je suis resté là toute la journée, et j'ai pensé à quel point le ciel était beau, et combien le soleil était bon et chaud, et combien les fleurs étaient douces et les chants d'oiseaux, et j'ai remercié Dieu avec tout son cœur pour lui avoir donné un si bel endroit où se coucher. Pourtant, pendant tout ce temps, vous savez, cela ne pouvait s'empêcher d'être ce qu'il était, une petite messe de corruption et à la fin de la journée, des gens qui l'étaient. marchant dans le jardin l'a vu et s'est écrié : « Oh, quelle horrible petite masse de corruption ! et ils appelèrent le jardinier et le firent enterrer dans la terre. Mais la petite messe de corruption, lorsqu'elle entendit que c'était une *petite* messe de corruption, se sentit très, très triste, et elle fit une supplication à Notre-Dame : « Moi ». Je ne souhaite pas être une masse de corruption", dit-il. "Reine du Ciel, priez pour moi, afin que je puisse être purifiée et rendue pure, et que je ne sois plus une masse de corruption, et que je puisse ensuite y retourner. au jardin, hors de cette terre sombre. Alors Notre-Dame a prié pour elle, et elle a été nettoyée avec de l'eau et purifiée, et – à votre avis, qu'est devenue la Petite Messe de Corruption ? Elle est devenue une rose – une rose rouge dans ce même jardin, juste là d'où ils l'avaient enterrée. ce que nous voyons... Mais je ne me souviens pas très bien de ce que nous en voyons, " elle interrompit la douleur de l'effort déconcerté sur son front. "Mon oncle pourrait te le dire."

Ensuite, pendant quelques minutes, elle resta silencieuse, immobile, les yeux rivés au plafond.

"Pourquoi les terres ensoleillées produisent-elles des gens sombres, et les terres sombres des gens lumineux ?" » demanda-t-elle d'un seul coup.

"Ah, ne recommence pas à parler, chérie", plaida Maria Dolores. "Le médecin va bientôt venir maintenant, et il sera en colère s'il découvre que je t'ai laissé parler."

"Oh, je vais lui dire que ce n'est pas de ta faute", dit Annunziata. "Je lui dirai que tu ne m'as pas laissé faire, mais que j'ai parlé parce que c'est si difficile de rester allongé ici et de penser, de penser, de penser, et de ne pas avoir le droit de dire ce que tu penses. Prospero m'a posé cette question à propos de Sunny. atterrit il y a longtemps. J'ai réfléchi et réfléchi, mais je n'arrive pas à y penser. Avez-vous beaucoup d'argent ?

"Chéri, tu ne veux pas, s'il te plaît, ne plus parler ?" Maria Dolorès la supplia.

"Je vais arrêter très bientôt", a déclaré Annunziata. "Je pense que vous êtes très riche. Je pense, même s'il dit qu'elle ne s'appelle pas Maria Dolores, que vous êtes la femme noire que Prospero doit épouser. Il doit épouser une femme noire qui sera très riche. Mais alors il sera aussi très riche lui-même. L'Autriche est-elle un pays ensoleillé ? L'Angleterre doit être un pays sombre, car Prospero est clair, s'il vous plaît, et je vous dirai si vous devez épouser un homme léger.

"Faire taire!" dit Maria Dolores en essayant de ne pas rire. "Ce sera une autre fois."

"N'aimerais-tu pas épouser Prospero ? Je le ferais", dit Annunziata.

"Je pense que j'entends les roues du fauteuil du médecin", a déclaré Maria Dolores. "Maintenant, nous allons tous les deux être grondés."

"Mais bien sûr, si vous l'épousez, je ne peux pas", poursuivit Annunziata, intrépide face à cette menace. "Un homme n'a pas le droit d'avoir deux femmes, à moins qu'il ne soit roi. Il peut avoir deux sœurs ou deux filles, mais pas deux femmes ni deux mères. Il était une fois un roi nommé Salomone qui avait mille femmes, mais même lui n'avait qu'une mère, je pense. J'espère que tu vivras à Sant ' Alessina après ton mariage, n'est-ce pas ?

Maria Dolores se mordit la lèvre et ne répondit rien ; et encore une minute ou deux, Annunziata resta silencieuse. Mais maintenant : « Vous est-il déjà arrivé de vous réveiller au milieu de la nuit et d'avoir eu terriblement peur ? elle a demandé.

"Oui, chérie, parfois. Je suppose que tout le monde l'a fait", a déclaré Maria Dolores.

"Eh bien, sais-tu pourquoi les gens ont si peur quand ils se réveillent ainsi ?" poursuivit l'enfant.

"Non", a déclaré Maria Dolores.

"Oui", a déclaré Annunziata. "Le milieu de la nuit est le midi du diable. Personne n'est éveillé au milieu de la nuit, sauf les méchants, comme les voleurs ou les voleurs , ou les gens qui souffrent. Tous les gens qui sont bons, qui se portent bien et sont heureux, sont sains. endormi. C'est donc le moment que le Diable préfère, et lui et tous ses mauvais esprits viennent sur terre pour jouir du grand plaisir de voir des gens méchants ou souffrants. Et c'est pourquoi nous nous sentons si effrayés lorsque nous nous réveillons. autour de nous est plein de mauvais esprits, même si nous ne pouvons pas les voir, et ils nous surveillent, pour courir et dire au diable si nous faisons quelque chose de mal ou si nous souffrons de quelque douleur que ce soit. Mais il est insensé de notre part d'avoir peur, parce que notre. Les anges gardiens sont toujours là aussi, et ils sont cent fois plus forts que les mauvais esprits, vous savez, ils sont très grands, beaucoup plus grands que les hommes. Certains d'entre eux sont aussi hauts que des montagnes, mais même les plus petits le sont. aussi grand que des arbres. »

"Cette fois, j'entends vraiment des roues", a déclaré Maria Dolores avec un accent de remerciement.

Et elle se leva pour aller à la rencontre du médecin.

# V

John était assis dans sa chambre, absorbé dans la contemplation d'un petit mouchoir de poche bordé de dentelle. Il l'étala sur ses genoux et rit. Il le froissa dans sa paume, le pressa contre son visage et but profondément de son léger parfum, léger mais puissamment provocateur de visions et d'émotions. Il l'avait trouvé pendant la nuit sur le sol de la chambre du malade, et l'avait capturé et emporté comme un trésor. Il l'étala de nouveau sur ses genoux et était de nouveau sur le point de rire de sa petite taille et de sa texture vaporeuse, lorsque son regard fut attiré par quelque chose dans son coin. Il le rapprocha de la fenêtre. Ce qui avait attiré son attention était un chiffre surmonté d'une couronne, brodé si minutieusement qu'il appelait presque une loupe. Mais sans lunettes, il pouvait voir que le chiffre était composé des initiales M et D, et que la couronne n'était pas une couronne, mais une couronne fermée, du modèle porté par les princes médiatisés .

« Qu'est-ce que cela peut bien signifier ? » » se demanda-t-il en fronçant les sourcils et en respirant rapidement .

Mais il fut momentanément empêché de spéculer davantage par un coup à la porte. Le facteur entra avec deux lettres, dont une, comme elle était enregistrée, devait être signée par John. Lorsqu'il eut donné un pourboire au facteur et qu'il fut de nouveau seul, il posa sa lettre recommandée sur la coiffeuse (afin de discipliner la curiosité et de faire preuve de patience, peut-être) et tourna son attention vers l'autre. D'une belle et haute écriture ancienne, qui lui rappelait en quelque sorte la voix de l'écrivain, il disait ceci :

"CHER JOHN,


"J'ai eu le cœur brisé de ne pas vous voir quand je suis venu vous dire au revoir cet après-midi, mais le hasard m'a favorisé au moins au point de me laisser voir la fille de votre meunier, et vous pouvez croire que j'étais heureux d'avoir l'occasion pour l'examiner de près. Mon cher garçon, elle n'est pas plus fille de meunier que vous. Sa beauté, il y a de *la race* dans sa manière, sa voix, son accent, sa façon de s'habiller (je donnerais). une souveraine pour le nom de sa couturière), la finesse de sa peau, ses cheveux, tout, il y a de la race en chacun d'eux , de la race et de la conscience de la race, de la fierté, de la dignité, de la distinction. Ces choses n'arrivent pas d'un seul coup. génération. Je suis surpris de votre manque de perspicacité. Et vos yeux bleus sont aussi si perçants. Mais peut-être que votre souhait était le père de votre pensée. sois plus *romantique* . Elle est probablement une très grande houle en effet, et je m'attends à ce que la Frau Quel est son nom avec qui elle reste se révèle être son ancienne gouvernante ou infirmière ou quelque chose comme

- 149 -

ça. Lorsque ces Autrichiens *peuvent* montrer des cantonnements (il faut bien sûr exclure les créations récentes – ils s'appellent généralement Cohen), ils peuvent les montrer avec un certain effet. Ils ne pensent pas à trente-deux ans. Tout cela, *au fond* , me réjouit plutôt, car si elle avait vraiment été fille d'un meunier, cela aurait semblé un peu comme se jeter, et qui sait ce qu'aurait dit votre vieil oncle B. rouillé et croustillant ? J'ai depuis longtemps une tige en cornichon pour *lui* , et l'autre jour je l'ai appliquée. *Attendez* .

"N'oubliez pas le cochon que vous avez acheté - avec tant de galanterie et de confiance. Je n'admettrai pas d'obstacles au mariage de vrais esprits - votre cochon les engloutira . Vous auriez dû ainsi recevoir une communication de mes avocats. Rappelez-vous, vous J'ai promis votre promesse sacrée. Il ne doit pas être question d'essayer de s'y soustraire ou de l'enterrer. Rappelez-vous que je suis outrageusement riche et que je n'ai pas de parents très proches (et mes proches sont extrêmement désagréables). , et je ne peux m'empêcher de considérer l'héritier des Blanchemain comme une sorte de fils spirituel. Dans votre situation, il n'y a rien de tel que d'avoir trop d'argent. Prenez tout ce qui vient, et peu importe le trimestre d'où ils sont à Plymouth. Frères, envoyez-moi des tracts.

"Au revoir maintenant jusqu'au mois d'août, sinon avant. Car bien sûr, en août, vous devez venir me voir à Fring . Voulez-vous amener votre épouse ? Quand et où le mariage ? Je suppose qu'ils le voudront en Autriche. Méfiez-vous des longues des engagements, ou des engagements trop courts. L'automne est le moment, le seul joli temps de sonnerie. Tu vois, il te faudra quelques mois pour préparer ton trousseau. J'aime un homme qui soit intelligent. . J'étais vraiment désolé pour la maladie de cette enfant, mais reconnaissant d'apprendre qu'elle guérissait.

"Affectueusement vôtre,

"LINDA BLANCHEMAIN."

Et sa lettre recommandée, lorsqu'il l'ouvrit enfin, disait ceci :

"CHER MONSIEUR :—Conformément aux instructions reçues de notre cliente Lady Blanchemain , nous vous prions de vous remettre ci-joint notre chèque de sept cent cinquante livres (£ 750 stg.), et de demander la faveur de votre reçu pour celui-ci, ainsi que l'adresse de vos banquiers, afin que nous puissions payer trimestriellement une somme similaire sur votre compte, étant donné que Sa Seigneurie a l'intention, immédiatement à son retour en Angleterre, d'effectuer un règlement sur vous-même et vos héritiers de 100 000 £ financés en Bk d'Angleterre. action.

« Nous avons en outre le plaisir de vous informer qu'aux termes d'un testament que nous venons de préparer et qui sera exécuté par Dame

Blanchemain dans les plus brefs délais, vous êtes constitué son légataire résiduaire.

"Avec mes compliments et mes respectueuses félicitations,

"Nous avons l' honneur , cher Monsieur, d'être,

"Vos obéissants serviteurs,

"FARROW, BERNSCOT ET TISDALE."

Et puis on frappa de nouveau à la porte, et c'était le facteur qui était revenu, avec une troisième lettre qu'il avait oubliée, en vrai facteur italien qu'il était, - et j'imagine que s'il n'y avait pas eu ce pourboire encore chaud dans sa poche, le bonhomme l'aurait laissé attendre jusqu'à demain. Il faisait en tout cas un grand mérite de l'avoir découvert et d'être revenu sur ses pas.

La lettre était écrite en caractères noirs, anguleux, sans compromis , qui ressemblaient plutôt à des coups de sabre et à des baïonnettes. On y lisait : -

"CHER JACK:—J'ai reçu la pièce jointe de Linda Lady Blanchemain . C'est une vieille femme extrêmement impertinente et indiscrète. Mais elle a raison à propos de l'allocation. Je ne sais pas pourquoi je n'y ai jamais pensé moi-même. Je ne le fais pas. Je sais pourquoi vous ne l'avez jamais suggéré. Je le regrette extrêmement. Comme prochainement, vous avez certainement droit à une rente de la succession. J'ai aujourd'hui remis 500 £ à vos banquiers, et j'ordonne à mes agents de payer une somme équivalente. montant trimestriel.

" J'espère que je vous reverrai bientôt à Ventmere . Nous avons une grande saison d'agnelage, mais il y a une vilaine propagation de la peste porcine, et le pays tout entier est tapissé de prospectus. J'ai eu une bonne partie de chasse à Wilsborough pendant la l'hiver. Maintenant, je n'ai plus rien d'autre à faire que de jouer au golf. Je n'ai jamais trouvé de plaisir à tirer sur des tours.

"Votre oncle affectueux,

"B de V."

Et l'enceinte :—

"Linda Lady Blanchemain présente ses compliments à Lord Blanchemain de Ventmere et prie de l'informer qu'elle a récemment eu le plaisir de rencontrer le neveu de sa seigneurie, John, et qu'elle a découvert avec étonnement que sa seigneurie ne lui fait aucune concession. Cette situation, pour l'héritier de la baronnie de Blanchemain , est bien sûr absurde, et doit, Lady Blanchemain en est sûre, être due entièrement à un oubli de la part de Sa Seigneurie. Elle ose donc, avec tout le respect, le lui signaler.

Donc! Ici était assis un jeune homme avec beaucoup de choses à penser ; un jeune homme dont les revenus, hier de six cents à peine, étaient passés du jour au lendemain à près de six mille. Six mille dollars par an, ce n'est pas l'opulence, si l'on veut, mais un jeune homme qui la possède ne peut pas non plus se considérer comme les mains vides. Mais ce jeune homme avait autre chose à penser. Et ce mouchoir brodé ? Qu'en est-il de ces soupçons astucieux de lady Blanchemain ? Et la fille de son meunier ?

Et il y avait encore autre chose. Qu'en est-il de son fier et honnête Spartiate d'oncle sans imagination ? Il pensa à lui et "Oh, le pauvre vieux garçon", s'écria-t-il. "Pour dix fois plus d'argent, je n'aurais pas demandé à cette chère vieille femme de lui écrire ainsi. Comme cela a dû le frapper durement!"

"M, D et une couronne princière", réfléchit-il. "J'aurais aimé avoir un Almanach de Gotha."

# VI

"Qui a-t-on dit de quelqu'un qu'il aimait tendrement un seigneur ?" Maria Dolores, le menton en l'air, demanda à Frau Brandt.

"Je ne sais pas", répondit Frau Brandt en tricotant.

"Eh bien, au moins, vous savez s'il serait possible pour un homme et une femme de vivre luxueusement avec six pence par semaine. N'est-ce pas ?" poursuivit sa taquinerie.

"Vous savez bien que ce ne sera pas le cas", a déclaré Mme Brandt.

« Que diriez-vous de six cents livres par an ? »

"Six cents livres—?" Frau Brandt a calculé. " Cela ferait six mille florins, non ? Cela dépendrait de leur situation dans le monde. "

"Eh bien, supposons que leur position concerne la mienne et celle de monseigneur ?"

"Vous", dit Frau Brandt avec un rire de contentement, en balançant sa tête à bonnet blanc. "Il te faudrait le double rien que pour ta robe."

"On pourrait s'habiller plus simplement", a déclaré Maria Dolores.

"Non", dit Frau Brandt, ses yeux brillants, "vous devez toujours vous habiller de la manière la plus raffinée qui soit."

"Mais alors," demanda Maria Dolorès avec mélancolie, "que dois-je faire ? Car six cents livres sterling, c'est le total de ses revenus."

"Vous avez, sauf erreur de ma part, un revenu qui vous est propre", a fait remarquer Mme Brandt.

"Oui, mais il ne me laisse pas l'utiliser", a déclaré Maria Dolores.

"Lui qui?" » demanda Frau Brandt d'un air brouillé. « Qui ose vous dire : laissez-vous ou non ?

"Mon futur mari", a déclaré Maria Dolores. "Il a des idées particulières sur l'honneur . Il n'aime pas l'idée d'épouser une femme plus riche que lui. Il ne m'épousera donc qu'à la condition que j'envoie ma propre fortune tomber au milieu de la mer."

"Quelle absurdité est-ce?" » dit Frau Brandt, calme.

"Non, c'est la vérité", dit Maria Dolorès, "la vraie vérité. Il est trop fier pour vivre dans le luxe aux dépens de sa femme."

"J'aime qu'un homme pose des conditions lorsqu'il s'agit de vous épouser", dit Frau Brandt avec mépris.

" Moi aussi ", dit Maria Dolores avec cordialité.

"Eh bien, en tout cas, je suis heureuse de voir qu'il ne s'en prend pas à vous pour votre argent", réfléchit Frau Brandt.

"Je suppose que nous devrons nous habiller avec des sacs et manger des lentilles", a déclaré Maria Dolores.

"Bien sûr, vous lui direz de présenter ses conditions à l'Ancien", a déclaré Mme Brandt. "Il est hors de question que vous changiez votre façon de vivre."

"J'ai effectivement l'impression que c'était le cas", a admis Maria Dolores. "Mais s'il insiste ?"

"Alors dites-lui d'aller lui-même chez le Vieux", fut le conseil direct de Frau Brandt.

Maria Dolorès a ri. "Cela ressemble à une *impasse* ", a-t-elle déclaré. "Qui doit annoncer la nouvelle à mon frère ?"

"Nous attendrons qu'il y ait des nouvelles", grommela aimablement la vieille femme.

De nouveau, au coucher du soleil, Maria Dolores le rencontra dans le jardin. Il était assis sur l'un de leurs bancs de marbre, au milieu de colonnes de marbre (teintes de rose par la lumière occidentale et projetant de longues ombres violettes), dans une pergola ornée de vignes. Il était penché en avant, les jambes croisées, le front plissé, comme s'il était plongé dans ses pensées. Mais bien sûr, au bruit de ses pas, il sursauta.

« De quel puissant problème s'agissait-il ? » elle a demandé. "Tu ressemblais au *philosophe de Rembrandt fr méditation* ."

"Je tournais autour du problème de l'amour humain", répondit-il. "Je mutilais Browning.

« *Était-ce quelque chose de dit ,*
*quelque chose de fait, était-ce un contact de la main, un tour de tête ?*

Je pensais aussi à toi. Je me demandais si ce serait mon cruel destin de ne pas te voir ce soir, et je pensais à la première fois que je t'ai vu.

"Oh," dit-elle légèrement, "ce matin-là parmi les olives, quand tu as cueilli les fleurs des vents pour moi ?"

"Non", dit-il. "C'était la deuxième fois."

"En effet?" dit-elle surprise. Elle s'assit sur le banc de marbre. John se tenait devant elle.

"Oui", dit-il. " La première fois, c'était la veille. Vous traversiez le jardin, vous étiez penché sur le cadran solaire, et je vous apercevais d'une fenêtre du *piano nobile* . Dame Blanchemain était là avec moi et elle a fait une prédiction. "

"Qu'a-t-elle prédit ?" » demanda Maria Dolores, sans méfiance.

« Elle avait prédit que j'allais tomber... » Mais il laissa tomber sa phrase au milieu. "Elle a prédit ce qui s'est passé."

"Oh", murmura Maria Dolores en regardant l'horizon. A propos : "Ce matin-là, parmi les olives, c'est la première fois que je t'ai vu, quand tu t'es précipité comme un paladin à mon secours. Je sens que je ne t'ai jamais assez remercié."

"Un paladin étrangement panoplie ", a déclaré John. "Dites-moi honnêtement, n'aviez-vous pas hésité à me récompenser ou non par des largesses ? Vous aviez de l'argent dans la main."

Maria Dolorès a ri. Je pense qu'elle a un peu coloré .

"Peut-être que je l'étais, pendant une demi-seconde", a-t-elle avoué. "Mais vos manières grandioses m'ont vite fait réfléchir."

John a également ri. Il fit un tour d'avant en arrière. "Je me suis réveillé en pleine nuit et j'ai eu chaud et froid pour me souvenir de la silhouette amusante que j'étais."

"Non", dit Maria Dolores pour le consoler. "Vous n'étiez pas une figure amusante. Votre costume avait l'air d'être impromptu, mais", a-t-elle ri, "votre dignité indigène transparaissait."

"Merci", dit John en s'inclinant. "La prochaine fois que je t'ai vu, c'était le même après-midi. Tu étais avec Annunziata dans l'avenue. J'ai porté ma vision de toi, comme une mélodie, jusqu'à Roccadoro - et jusqu'à la maison."

"Je venais de faire la connaissance d'Annunziata", dit Maria Dolores.

"Vous aviez un parasol blanc et une robe lilas", dit John. "La fois suivante, c'était cette nuit-là au clair de lune. Vous étiez tous en blanc, avec un foulard de dentelle blanche sur vos cheveux. Vous m'avez lancé une rose blanche depuis votre balcon - et depuis, je porte cette rose avec moi."

"Je t'ai jeté une rose blanche ?" douta Maria Dolores, en levant les yeux, en faute.

"Oui," dit John. "L'as-tu oublié ?"

"C'est certainement le cas", dit-elle avec emphase.

"Tu m'as lancé un sourire comme une rose blanche", dit-il.

Elle a ri.

"Je pense que j'ai juste reconnu de loin votre salut", dit-elle.

"Eh bien, les remerciements lointains de certaines personnes sont comme des roses blanches", dit-il. « J'espère au moins que vous vous rappelez à quel point c'était une nuit glorieuse et comment chantaient les rossignols ?

"Oui", dit-elle. "Je me souviens que."

« J'ai l'impression, » déclara-t-il, « que ce sera une nuit encore plus glorieuse cette nuit, et que les rossignols chanteront mieux qu'ils n'ont jamais chanté auparavant.

Maria Dolorès n'a pas parlé.

"Est-ce qu'il vous arrive," demanda John, après un long silence, tandis qu'ils regardaient les couleurs qui s'accentuaient à l'ouest, "possèderiez-vous par hasard une copie de l' Almanach de Gotha ?"

"Oui", dit-elle.

si tu vas me le prêter ?

"Je suis désolé, c'est à Vienne." Et après un instant de pause, elle osa : « Quoi, s'il n'est pas indiscret de s'enquérir, souhaitez-vous lever les yeux ?

"Je souhaite rechercher une dame - une dame de rêve - une dame qui marche en beauté comme la nuit des climats sans nuages - et dont les mouchoirs de poche sont brodés des initiales MD, en chiffre, sous une couronne princière."

"Je pense," dit Maria Dolorès en considérant, "qu'elle serait probablement membre d'une des maisons princières médiatisées . Mais si vous n'avez que ses initiales, vous auriez du mal à la retrouver dans l' Almanach de Gotha."

"Sans aucun doute", dit John. "Mais pour un homme d'esprit, une difficulté est un défi."

« Avez-vous l'habitude, lui demanda-t-elle, de vous approprier les mouchoirs des gens ?

"Certaines personnes - oui", a-t-il immédiatement reconnu sans rougir.

"MD sous une couronne princière, je pense que tu as dit ?" pensa-t-elle. "Il me vient à l'esprit que les mouchoirs de poche de Maria Dolorès de Zelt-Neuminster pourraient être ainsi brodés."

"Ah ?" dit Jean. " Zelt-Neuminster ? Ce serait une fille de l'homme à qui appartient ce Château ? "

"Non, c'est la sœur de l'homme à qui appartient ce Château."

"Je comprends", dit John. "Je m'étonne que la sœur de l'homme à qui appartient ce château ne vienne jamais ici pour voir à quel point il est beau."

"Elle est arrivée ici assez récemment", a déclaré Maria Dolores. "Elle est venue rendre visite à sa mère adoptive, qui habite le pavillon au-delà de l'horloge. Elle est venue faire une sorte de retraite, pour réfléchir."

"Oui-?" lui demanda-t- il .

"Son frère a très hâte de la marier. Il a hâte qu'elle épouse son cousin germain, le prince de Zelt-Zelt . Elle est venue ici pour se décider."

"Est-ce qu'elle a inventé?" Il a demandé.

"Je ne suis pas sûre", dit-elle.

"Pourtant, vous semblez profondément confiant en elle", dit-il.

"Oui, mais elle-même n'en est pas tout à fait sûre."

"Oh-?" dit Jean.

"Elle fait partie de ces femmes idiotes qui rêvent du mariage comme d'une grande romance."

"Les hommes sages", dit Jean, "en rêvent comme au plus haut."

Elle secoua la tête.

"Un mariage avec sa cousine mettrait définitivement fin à toute romance . Elle pensait il y a peu, je crois, à épouser un simple roturier, neveu d'un agriculteur. Cela aurait été en effet romantique. Maintenant, j'entends dire , envisage-t-elle, un futur membre de votre Chambre des Lords anglaise.

"Même cela ne serait-il pas plutôt romantique, si une démission constitue une romance ?" Suggéra John.

"Oh, un pair britannique n'est guère en retrait", répondit-elle. — D'ailleurs, il y a des gens qui s'en moquent... quelle est l'expression ? deux pence du rang.

"Quand j'ai dit cela", a expliqué John, "je n'avais aucune idée que son rang était si élevé."

« Vous pensiez qu'elle était la fille d'un cordonnier ? Maria Dolores s'enquit rapidement, avec une certaine hauteur.

"Je pensais qu'elle était la fille des stars", répondit John.

"Et vous craigniez qu'elle ne s'appelle Smitti ", dit-elle, la hauteur se dissolvant dans la gaieté. "Je ne te dirai jamais ce qu'elle craignait que ce soit le tien."

"Voyez," dit Jean, "comme ils accrochent le ciel avec des bannières. Ce doit être en l'honneur de quelque grand événement imminent."

Hier, l'ouest était une mer. Aujourd'hui , c'était une ville, une vaste ville grise et violette, avec des palais et des tours crénelées, et d'innombrables flèches et pinacles aériens ; et ici, là, partout, ses murs étaient gais d'or et de pourpre, comme des bannières tombantes.

" C'est une ville *en fête* ", dit John. " C'est la ville où se font les mariages. Il faut qu'ils en aient un en main. "

"Écoutez", dit-elle en levant le doigt. "Voilà vos rossignols qui commencent."

Mais le doigt levé lui rappelait quelque chose. "Avez-vous une objection profonde aux bagues ?" Il a demandé.

"Pourquoi?" demanda-t -elle .

"Je remarque que tu n'en portes pas."

"Oh, parfois j'en porte plusieurs", dit-elle. "Alors on a des humeurs dans lesquelles on les laisse de côté."

"J'ai une bague dans ma poche qui, je pense, vous appartient", dit-il.

"Vraiment ? Je ne sais pas s'il manque une de mes bagues."

"Le voici", dit-il. Il sortit le petit étui en chagrin qu'il avait reçu de dame Blanchemain , l'ouvrit et l'offrit.

"C'est une bague singulièrement belle", dit-elle, les yeux admiratifs. "Mais ça ne m'appartient pas."

"Je pense que oui", dit-il. "Puis-je l'essayer sur ton doigt ?"

Elle tendit la main droite.

"Non, votre main gauche, s'il vous plaît", dit-il. Il tomba à genoux devant elle, et lorsque la délicate main blanche lui fut rendue, j'imagine qu'il fit de la mise en place de la bague au doigt de l'alliance une tâche bien plus longue que nécessaire. "Là", finit-il par dire, "vous voyez. On dirait qu'il a poussé là. Bien sûr qu'il vous appartient." Il lui tenait toujours la main, chaude, ferme et douce comme du velours. Je pense que dans une seconde de plus, il l'aurait touché avec ses lèvres. Mais elle l'a retiré.

Elle contemplait les profondeurs du rubis en forme de cœur, tremblant de lumière liquide, et souriait comme à des pensées secrètes.

"Mais je ne vois pas", dit John en se levant, "comment un homme peut demander à une princesse de la maison de Zelt de l'épouser et de vivre avec six cents livres par an."

"Il faudrait qu'elle modifie beaucoup ses habitudes, c'est très certain", a déclaré Maria Dolores.

"Elle devrait les modifier complètement", a déclaré John. "Six cents dollars par an, c'est la pauvreté, même pour un homme célibataire. Pour un couple marié, ce serait de la mendicité. Elle devrait vivre comme la femme d'un petit employé . Elle devrait voyager en deuxième classe et séjourner dans des hôtels de quatrième ordre. Elle devrait retourner ses vieilles robes et tailler elle-même ses bonnets. Elle devrait se passer d'une bonne. Et tout cela signifie qu'elle devrait pratiquement renoncer à sa caste, renoncer à la société de ses égaux, qui exigent une certaine. échelle des apparences, et vivre parmi des parias ou vivre dans l'isolement, ne pensez-vous pas qu'un homme serait un monstre d'égoïsme pour exiger de tels sacrifices ?

honneur excessivement farfelues et morbides ", dit-elle.

"Pensez-vous que la princesse, avec tout cela porté à son attention, songerait un jour à consentir ?"

"Les femmes amoureuses sont faibles : elles consentent à presque tout", dit-elle, ses yeux sombres souriant un instant dans les siens.

Pourquoi ne l'a-t-il pas pris dans ses bras ? L'espoir différé rend le cœur malade, mais différer la consommation d'une joie assurée (observe le poète persan) donne au cœur une douce excitation particulière.

"Eh bien," dit John. " Je suis heureux de la penser faible ; mais je ne demanderai jamais à ma femme de consentir à quelque chose d'aussi désagréable. Une princesse et une future pairie, vivant avec six cents livres par an ! C'est du jamais vu. "

Elle le regardait, perplexe, incrédule.

"Oh... ? Pouvez-vous vraiment dire... que vous allez... reprendre votre condition ?"

"Oui", dit-il humblement. "Qui suis-je pour poser des conditions ?"

"Vous la laisserez dépenser autant de son propre argent qu'elle le souhaite ?" se demanda-t-elle, les yeux écarquillés.

"En tant qu'amateur d'économies, je déconseille l'extravagance", a déclaré John. "Mais en tant que mari soumis, je la laisserai faire tout ce que sa fantaisie lui dicte."

"Eh bien," s'étonna- t-elle, "voici une surprise, voilà en effet une volte-face."

Et elle regarda la ville dans le ciel et parut bouleverser les choses.

John riait mystérieusement.

« N'avez-vous pas votre opinion, demanda-t-il, sur les hommes qui mangent leurs paroles et mettent leurs scrupules dans leurs poches ?

"Je ne comprends pas", dit-elle, l'air sauvage. "Il y a bien sûr une blague."

« C'est vraiment une plaisanterie, » dit-il ; "La blague, c'est que je suis dix fois plus riche que je ne vous l'avais dit."

Elle recula et le fixa d'un regard.

"Alors toute cette histoire de pauvreté n'était qu'une plaisanterie ?" Il y avait du reproche dans sa voix, je ne suis pas sûr qu'il n'y ait pas eu de déception.

"Non", dit-il, "c'était la vérité exacte et littérale. Mais du jour au lendemain, je suis parvenu à une modeste compétence."

"Je ne comprends pas", dit-elle.

"Mon propre rôle dans cette histoire est suffisamment peu glorieux", dit-il. "Je suis la bienfaitrice . Lady Blanchemain et mon oncle ont uni leurs têtes et m'ont doté. Je me sens un peu petit de les laisser, mais cela me permet de regarder hardiment mon fiancé dans les yeux de l'argent."

"Oh ? Vous êtes fiancé ? Déjà ?" » demanda-t-elle gaiement.

"Non, pas à moins que vous ne l'êtes", répondit gaiement John.

Elle baissa les yeux sur sa bague.

---

# VII

La fin de soirée aux couleurs calmes souriait de plus en plus faiblement. La ville aérienne, ses tours coiffées de nuages et ses magnifiques palais, s'étaient effondrées en ruines, et des étoiles scintillaient entre leurs murs brisés et sombres. La lune brillait d'un ton glacial au-dessus des collines orientales. Les rossignols (ou Jean n'était pas un vrai prophète) chantaient mieux qu'ils n'avaient jamais chanté auparavant, tandis que les chauves-souris, ici, là, volaient en zigzags surprenants, comme si elles valsaient au rythme de la musique. Et tout l'air était doux du souffle des roses mouillées par la rosée.

L'horloge sonna huit heures.

"Là, tu dois y aller", dit Maria Dolores.

"Aller ? Où aller ?" » demanda John, feignant le vague.

"Ce n'est pas un sujet de plaisanterie", dit-elle en feignant la sévérité.

"Je ne peux pas encore partir, je ne peux pas encore te quitter", dit-il. "D'ailleurs, c'est une éducation esthétique que d'observer le clair de lune sur ces colonnes de marbre et les ombres pâles des feuilles de vigne."

"Eh bien," dit-elle, "reste ici et continue ton éducation. J'irai à ta place. Car Marcella Cuciniera doit être soulagée." Elle se leva et se dirigea vers la façade sombre du château.

"Arrêtez l'éducation ! Je vais avec vous", dit John en le suivant.

"Je ne m'arrêterai qu'un instant pour voir comment elle va", dit Maria Dolores. "Alors je dois me dépêcher de rentrer chez moi pour commencer mes bagages."

« Vos bagages ? balbutia John.

"Demain matin, Frau Brandt et moi partons pour l'Autriche... pour le château Mischenau , où habite mon frère."

"Bon dieu!" dit Jean. "Ah, eh bien, je suppose que c'est ce qu'ils appellent la bonne marche à suivre", a-t-il admis avec une sombre résignation. "Mais pense à quel point tu vas terriblement manquer à Annunziata."

"Annunziata va tellement mieux, je peux facilement être épargnée", a déclaré Maria Dolores ; "Et de toute façon, il le faut. Je pense que vous recevrez probablement bientôt une lettre de mon frère vous demandant de lui rendre visite. Mischenau est un endroit qui vaut le détour, dans son style nordique. Et, dans son style nordique, mon frère est un homme qui mérite d'être rencontré. Je vous conseille d'y aller.

"J'irai certainement", dit John. "Je m'attarderai ici à Sant'Alessina comme une âme en souffrance , comptant les heures jusqu'à ma libération. Je serai particulièrement heureux de rencontrer votre frère, car j'ai des affaires importantes à régler avec lui."

« En attendant, dit-elle en souriant, je pense qu'il faut faire avec ces… choses importantes… » sa voix vacilla sur ce mot… « qu'est-ce que le pape fait parfois avec les cardinaux ?

"Oui," John consentit d'un air maussade, "je suppose que nous devons le faire. Mais oh moi , quelle désolation morne, vide, fade et inutile ce jardin deviendra, et à chaque instant le fantôme d'une joie passée!"

Annunziata leva les yeux avec des yeux qui semblaient omniscients.

"Je pensais à toi," les salua-t-elle.

"À propos de qui d'entre nous ?" demanda John.

"A propos de vous deux. Depuis longtemps, je pense toujours à vous deux ensemble. Je pense que Maria Dolores est la femme sombre que Prospero doit épouser."

John a ri. Maria Dolores regardait par la fenêtre.

"Et je pensais," continua Annunziata, "comme c'était étrange que si vous n'étiez pas tous les deux arrivés en même temps à Sant'Alessina , vous auriez pu vivre et mourir sans jamais vous connaître."

"Péris cette pensée", rit John. "Mais je l'ai parfois pensé moi-même."

"Et puis," Annunziata compléta son récit, "j'ai pensé que peut-être vous n'étiez pas arrivé par hasard, que vous aviez probablement été guidé."

"C'est une chose dont je n'ai aucun doute", affirma John avec énergie.

"Vous avez l'air d'être très heureux de quelque chose, vous deux," dit Annunziata, ses yeux omniscients étudiant leurs visages. « De quoi êtes-vous si heureux tous les deux ?

"Nous sommes très heureux de vous voir si bien", répondit Maria Dolores.

Mais Annunziata secoua la tête, comme si elle en savait plus. "Non, ce n'est pas la seule chose. Tu es content d'autre chose en plus."

"Il n'est pas possible de vous accueillir", a déclaré John. "Mais nous sommes tenus de traiter cette autre chose comme le pape traite parfois les princes de l'Église."

"Il leur donne des chapeaux rouges", a déclaré Annunziata.

"Je donnerai à cette chose une couronne de myrte", dit John.

"Vous dites parfois des choses qui semblent n'avoir aucun sens", l'informa Annunziata, avec une patiente indulgence, en hochant la tête en direction du plafond.

Maria Dolores se pencha sur le lit et embrassa le front d'Annunziata. "Bonne nuit, Carina," murmura-t-elle.

Annunziata leva ses petits bras blancs et entoura le cou de Maria Dolorès. Puis elle l'embrassa quatre fois : sur le front, sur le menton, sur la joue gauche, sur la joue droite. "C'est une croix de baisers", expliqua-t-elle. "C'est la façon dont ma mère m'embrassait. Cela signifie que les quatre Anges de la Paix, de la Grâce, de la Sainteté et de la Sagesse veillent sur ton sommeil."

Mais tôt le lendemain matin, John étant toujours de service, Maria Dolores revint, bottée et éperonnée pour le voyage, en tweed sur mesure, avec une petite tuque de feutre et un voile : un costume dont les yeux d'Annunziata ne tardèrent pas à saisir le suggestion.

"Pourquoi es-tu habillé comme ça ?" » demanda-t-elle avec inquiétude. "Je ne t'ai jamais vu habillé comme ça auparavant. Tu as l'air de partir quelque part."

"Je dois partir, je dois rentrer chez moi, en Autriche. Je suis venue vous dire au revoir", répondit Maria Dolores.

Les yeux d'Annunziata étaient sombres de douleur. "Oh," dit-elle d'une voix profondément consternée.

"Mais nous ne serons pas séparés longtemps", a promis Maria Dolores. " J'ai demandé à ton oncle de te prêter. Dès que tu seras assez fort pour voyager, tu viens en Autriche me faire une longue visite. Ensuite je reviendrai avec toi à Sant'Alessina . Et puis... eh bien , partout où j'irai, tu m'accompagneras toujours, car bien sûr, je ne pourrai plus jamais vivre heureux sans toi.

"Un instant, s'il vous plaît," intervint John. "Voici une petite difficulté. Je ne pourrai jamais non plus vivre heureux sans elle. J'ai aussi demandé à son oncle de me la prêter. Et partout où *j'irai*, elle m'accompagnera toujours. Comment pouvons-nous ajuster nos revendications rivales ?"

Les yeux d'Annunziata s'illuminèrent.

"Oh, ce sera assez facile", fit-elle remarquer. "Vous devrez aller partout ensemble."

## LA FIN